侯景之乱

六朝的黄昏

［日］吉川忠夫 著
张恒怡 译

图书在版编目（CIP）数据

侯景之乱：六朝的黄昏 /（日）吉川忠夫著；张恒怡译. -- 北京：北京联合出版公司，2024.7（2024.8重印）
ISBN 978-7-5596-7593-4

Ⅰ.①侯… Ⅱ.①吉… ②张… Ⅲ.①中国历史—研究—南朝时代 Ⅳ.①K239.107

中国国家版本馆CIP数据核字（2024）第083406号

本书日文原版由志学社出版，现由该社授权本公司出版中文版。

Simplified Chinese edition copyright © 2024 by Beijing United Publishing Co., Ltd.
All rights reserved.

本作品中文简体字版权由北京联合出版有限责任公司所有

侯景之乱：六朝的黄昏

[日] 吉川忠夫　著
张恒怡　译

出　品　人：赵红仕
出版监制：刘　凯　赵鑫玮
选题策划：联合低音
责任编辑：蒉　鑫　李建波
封面设计：今亮後聲
内文排版：聯合書莊

关注联合低音

北京联合出版公司出版
（北京市西城区德外大街83号楼9层　100088）
北京联合天畅文化传播公司发行
北京美图印务有限公司印刷　新华书店经销
字数148千字　880毫米×1230毫米　1/32　7.75印张
2024年7月第1版　2024年8月第2次印刷
ISBN 978-7-5596-7593-4
定价：59.80元

版权所有，侵权必究
未经书面许可，不得以任何方式转载、复制、翻印本书部分或全部内容。
本书若有质量问题，请与本公司图书销售中心联系调换。电话：（010）64258472-800

再版寄语

本书主要是由以下三章构成的,《南风不竞——侯景之乱始末记》《徐陵——南朝贵族的悲剧》《后梁春秋——一个苟延残喘的傀儡王朝的历史》。这三章曾以独立篇幅的形式先后刊登在由中央公论社(以下简称"中公"——编者注)发行的月刊《历史和人物》上,分别是昭和四十七年(1972)七月号、昭和四十八年二月号、昭和四十九年一月号。此后在昭和四十九年的四月,这三篇被集结成书,作为中公新书中的一册出版,将第一章的副标题"侯景之乱始末记"作为全书的书名,将"南朝贵族社会的命运"作为新的副标题。

向我约请寄送文章到《历史和人物》杂志,之后又催促我将这些文章集结成册的,正是当时担任《历史和人物》总编辑的粕谷一希先生。我当时还是三十来岁初出茅庐的青年。拙作《南风不竞——侯景之乱始末记》是在我作为京都大学教养部[1]的学生时代就开始写作的，后来从教授过我很多知识的田中谦二老师那儿得到肯定，他称拙作是"在丰富史料的支撑下，用新颖而紧凑的笔调生动形象再现这个时代的作品"（《中国文明选1》：《资治通鉴》，朝日新闻社1974年版，133页。同时作为"筑摩学艺文库"的其中一册再版，筑摩书房2019年版，168页）。老师的这些话语，虽说是过誉了，但我自然是很喜悦的。这之后大约过了半个世纪，粕谷先生也好，田中老师也好，都仙逝很久了。想起这些，不得不让人深感往事茫茫。

6世纪的中国，在南朝梁武帝的时代突如其来发生了侯景之乱，这场叛乱令整个江南社会陷入一蹶不振的大动荡之中。唐代的文人韩愈在《论佛骨表》中如此记载："惟梁武帝在位四十八年，前后三度舍身施佛……其后竟为侯景所逼，饿死台城，国亦寻灭。"[2]唐宪宗元和十四年（819），佛骨正是从国都长安以西的凤翔（陕西省凤翔县[3]）的法门寺迎接到了宫中。为了谏止此事，韩愈献上此表。梁武帝为佛

---

[1] 京都大学教养部是一个向所有入学的本科生提供基础通识教育的机构。在这里，学生可以选择学习各种不同领域的基础学科，如日语、英语、数学、物理、化学、生物等。为了帮助学生掌握全面的知识和技能，教养部的课程涵盖了人文科学、社会科学、自然科学和工程学等多个领域。

[2] ［唐］韩愈撰，马其昶校注，马茂元整理：《韩昌黎文集校注》，上海古籍出版社1986年版。

[3] 今陕西省宝鸡市凤翔区。

教耗费了大量钱财，堪称中国历代帝王中的第一人，他曾三次行舍身之义，舍去皇帝之位表示要遁入空门，然而这样做毫无意义，因为侯景之乱，他统治下长达四十八年的太平盛世也迎来了凄惨不已的末日。韩愈继续写道："事佛求福，乃更得祸；由此观之：佛不足事，亦可知矣。"[1]此表触及唐宪宗逆鳞，韩愈从刑部侍郎之位上被驱逐，贬谪为岭南潮州（广东省潮阳[2]）刺史。无论如何，先不论梁武帝的奉佛和侯景之乱是否如讨厌佛教的韩愈所叙述的那样有直接的因果关系，只说梁武帝一度以自己拥有南朝史上罕见的长治久安为荣，却也无法得知前方将面临万丈深渊，最终"为侯景所逼，饿死台城，国亦寻灭"成为无可争辩的事实。

本书的第一章记述了关于侯景之乱的事情，而第二章和第三章也以侯景之乱波及的人与事为叙述对象。随着"侯景之乱始末记"成为整本书的书名，趁着此次再版之际，加上一篇《史家范晔的谋反》作为补篇。此文记述了一桩在侯景之乱的一个多世纪前，即刘宋时代发生的事件。加入补篇是我委托代为处理在志学社的出版事务的古胜隆一先生提出的方案。实际上这一补篇是发表在《侯景之乱始末记》所收录的三篇文章之前的，刊载在《历史和人物》杂志的昭和

---

[1] ［唐］韩愈撰，马其昶校注，马茂元整理：《韩昌黎文集校注》，上海古籍出版社1986年版。
[2] 潮阳为潮州曾用名。

四十六年（1971）十一月号上。这之后，我将与范晔有关联的内容题名为"范氏研究"，作为《六朝精神史研究》（同朋舍1984年版）的第二部分，共收录了《范宁的学问》《关于踞食论争》以及《范晔和刘知几》《范晔与东汉末期》四篇文章。范宁是范晔的祖父，而《关于踞食论争》的主题与范晔的父亲范泰相关。在2001年9月到2007年3月这段时间，我进一步对范晔撰述的正史《后汉书》进行了训读、翻译和注释，集结成《训注本·后汉书》全十册，同时还有别册《人名索引·地名索引》一册，皆由岩波书店刊行。在此书的第一册中加上解题，并以"范晔和《后汉书》"为题，被《读书杂志——关于中国史书和宗教的十二章》（岩波书店2010年版）再次收录。

在《侯景之乱始末记》的第47页中，我曾写道："笼统地称四十年、五十年，但把它放到人的一生中来看，那是令人难以想象的漫长岁月。"四五十年前刊行的这本书如今又再次展现在众人眼前。《侯景之乱始末记》这书绝版很久了，在旧书市场上拥有很高的价值。立志向世人提供稀有版本的著作而创立的志学社，在创社之初就将这本书选为计划中的一册。当初我向《历史和人物》投稿的那个时候，还是手写稿的时代。这次再版，旧作所收录的三篇文章是由中村慎之介出力录入的。中村君是京都大学文学部东洋史专业的在籍研究生。这完全出于偶然，我欣喜于他是我的后辈。作为补篇，这次新加入的《史家范晔的谋反》是我自己录入的。我对中村君录入的旧著部分进行了些许订正，而《史家范晔的谋反》中的内容，除了对一则则错误进行了修正，我还对其行文进行了修改，增加了说明性的内容，但全文的主要内容和主题思想没有任何改变。

今年1月，我已经八十二岁了。如果被说成虚度年华、马齿徒增，我也无话可说。但正是得益于活到了这样的年岁，我才有机会与半个世纪之前的作品再次相遇。我想这也是不可否认的事实。

2019年5月
吉川忠夫

中公新书版序言

本书共收录了三篇以 6 世纪中叶，即魏晋南北朝时代的末期，发生在中国江南地区的侯景之乱以及侯景之乱所影响的动乱时代为主要内容的文章。三篇文章都发表在这两年的中公《历史和人物》杂志上，现集结成一书，除了勘正了两三处错误，还补充了应该补充的内容，删减了应该删减的地方。但是仍然有重复的地方，因为这三篇文章本来就不是围绕一个主题而纳入写作计划的连续性作品。

处于国家分裂时代的六朝，没有在其之前的汉朝以及接续其后的隋唐那样令人熟悉。除了开六朝之序幕的三国因《三国演义》而为众人所知，可能只有以王羲之、顾恺之、陶渊明为代表的东晋时代的两三个人名会被记住吧。而且由于处于国家分裂时代，以至于这一时期的王朝交替频繁到令人厌烦的程度。

对抗魏蜀，自立于江南半壁之地的三国中的吴国，在公元280年与已经接受魏国禅让的西晋合并。在此后的317年，衣冠南渡后，东晋建立。即天下统一的和平岁月仅维持了匆匆三十余年，西晋统治者便放弃了已经沦为胡族内部争斗战场的华北，南渡江南。在东晋治理下的江南，贵族社会制度得到了比前代更进一步的发展。位于社会上层的贵族，有着因为被胡族从华北驱逐，不得不流寓江南的悲哀和屈辱。他们将这些悲哀和屈辱藏在心底，代之以全力建设和保卫国家，进而找寻出以收复陷入五胡十六国乱离时代的华北为目的的生存意义。公元383年，胡族政权之一的前秦统治者苻坚率领大军想入侵江南，但他的这一行动被阻拦在淝水岸边，之后东晋勇敢地进行了多次北伐。特别是在东晋末年登场的刘裕，他先后灭了南燕、后秦，似乎能实现收复华北的大业。然而这种情况没有持续下去，因为华北最终被鲜卑拓跋部的北魏统一。而在江南，刘裕篡晋而立宋。南北朝对峙的时代由此开始。刘裕不是贵族出身，虽然他北伐的时间并不长，但仍被视作征服北方的英雄，因此他赢得了贵族社会的支持。

此后，宋为齐、梁、陈所依次替代，而北魏则分裂成东魏、西魏，又分别为北齐、北周所替代。南北朝对峙在初期阶段保持了相安无事的状态，但最终在北朝、南朝针锋相对中，北朝有了比南朝更显著的政治、军事优势。以此为背景，本书第一章主要内容为侯景之乱。而第二章主要内容为徐陵，第三章主要内容为后梁王朝。涉及这一时代中活跃着的人物，以及一个苟延残喘的傀儡王朝。而北朝对南朝的攻势，以继承北朝的隋灭掉陈宣告结束，因此为了首尾完备，有必要说一说陈的灭亡。虽说如此，现在也只能暂时以这三篇文章作为这本书的主要内容。

给予原来独立写作的三篇文章以这样的形态集结成册的机会的，正是中公的粕谷一希先生和江阪满先生。特记之以表谢意。

1974年1月

吉川忠夫

目 录

第一章　南风不竞——侯景之乱始末记　001

　　白日黯淡　001

　　朔北风暴　003

　　"缚取萧衍老公！"　012

　　南朝四百八十寺　016

　　江南的光与影　026

　　侯景的归顺　034

　　天的旨意　041

　　侯景反叛　045

　　台城的攻防　051

　　伪约既成　058

台城陷落　065

侯景死于海上　069

余　论　075

第二章　徐陵——南朝贵族的悲剧　079

江南的使臣　079

公　宴　084

猰㺄之灾　088

北齐王朝的诞生　092

徐陵一家的悲惨命运　096

与杨仆射书　101

梁元帝政权始末　106

返回江南　111

陈霸先的登场　117

南朝的黄昏　119

第三章　后梁春秋——一个苟延残喘的傀儡王朝的历史　125

江陵的陷落　125

不利长子　131

龙跃之基趾　135

目　录

　　附　庸　140

　　壮心不已　148

　　百兽率舞　155

　　松筠之节　160

　　"吾君其不反矣！"　164

　　总　结　168

补　篇　史家范晔的谋反　175

第一章

南风不竞
——侯景之乱始末记

白日黯淡

　　南朝梁武帝人生的最后一年悲惨至极。从华北涌入的蛮夷在侯景的带领下攻陷台城[1]，梁武帝连维持八十六岁衰老身体的食物都无法得到满足，他被幽禁的身体横卧在净居殿的床榻之上。若说还有残留给梁武帝的唯一安慰，可能就是不断地回想自己长达近五十年的统治吧。他就在这样的思绪里陷入昏睡之中，享受着梦境中自己昔日缔造的辉煌影像。然而，围绕在四周的士兵的高声喊叫以及战斗声总是把他美好的梦境打破，每一次梦境与现实之间的巨大鸿沟，不得不

---

[1] 台城始建于东晋咸和五年（330）的建康（今江苏省南京市），也称建康宫，是东晋以及南朝的皇宫，589年隋军攻入建康后被毁。

让他一瞬间怀疑自己的双眼是否出现了幻觉。帘外的景象非常荒凉，可以说根本无法称之为台城，甚至称之为战场更为合适。原本结构精巧的宫殿，如今处处都留下了明显的被破坏的痕迹，披坚执锐的士兵们替代了锦衣玉带的官员，他们稚嫩的脸庞上尽是彷徨，疾驰的战马卷起肆意翻飞的沙尘。

这一日，梁武帝的美梦被粗暴地打碎了。他醒来后感觉到口中灼烧般的苦涩。他不及多想便叫道："给我蜜！"此时没有谁能满足他的愿望，就连他最后发出的"嗬嗬"的痛苦呻吟之声，也全部淹没在无尽的黑暗之中。这天正是太清三年（549）五月丙辰（二日）。韦提希夫人全身涂满和了蜜的麨[1]，璎珞中注满了葡萄的浆液，以此为囚禁在七重室内的丈夫频婆娑罗王[2]提供食物。韦提希夫人是《观无量寿经》[3]中的女主人公，然而这样的女性却没有出现在被视为中国首屈一指的崇佛皇帝梁武帝的面前。

颜之推以"武皇忽以厌世，白日黯淡无光"（《观我生赋》）来吟咏梁武帝之死。这不仅仅是颜之推，也是所有生活在梁武帝时代的士大夫共有的感怀之情。梁武帝的死超越

---

[1] 日文原文用了"麨"，即炒熟的米粉或面粉。麨蜜，即用炒熟的米粉或面粉和以蜜糖做成的食物。

[2] 频婆娑罗王，古印度佛陀时代摩竭陀国国王（约前546—前493年在位），因太子阿阇世王篡夺王位而被囚禁，卒于狱中。

[3] 《观无量寿经》是佛教经典，全称《佛说观无量寿经》，与《佛说无量寿经》《佛说阿弥陀经》合称"净土三经"。

了一位皇帝之死的意义，而是成了一个时代终结的象征。这起发生在江南的事件，与下文将要叙述的在华北北方边境发生的另一起事件，距离上间隔数千里，时间上相差了四分之一世纪，但却有着迂回而遥远的因果关系。下面让我们暂且将视线转移到华北地区。

朔北风暴

北魏孝明帝正光五年（524）[1]，朔北之地也迎来了姗姗来迟的春天。三月，沃野镇[2]的匈奴人破六韩拔陵发动起义，斩杀镇将，建立政权，以"真王"为年号。起义军以风卷残云之势席卷了毗邻沃野镇东境的怀朔镇以及武川镇。在朔北发生的这次叛乱被称为"六镇之乱"[3]，最终令华北全境陷入混乱之中。不仅如此，更令人意想不到的是，这场叛乱拉开了长达数十年中国全境动乱时代的序幕。接到叛乱情报的北魏王朝的重要人物们怒不可遏："妖党狂丑，必可荡涤。"[4]但是他们对弥漫在王朝北境的不满情绪缺乏准确的认识。

北魏王朝在其创立未久的5世纪初，即道武帝以及太武帝时期，沿着阴山山脉，在东西跨越千余里的地域内，设

---

[1] 一说破六韩拔陵叛乱发生于正光四年。
[2] 沃野镇是北魏六镇之一，故址在今内蒙古自治区巴彦淖尔市五原县东北。
[3] "六镇之乱"也称"六镇起义"。
[4] ［北齐］魏收：《魏书》卷九，中华书局1974年版。

置了好几个军镇，作为防卫和出征的据点。因为这几个镇是在朔北设置的，故称它们为北镇。其中有代表性的为六个军镇，从西边往东依次为沃野、怀朔、武川、抚冥、怀荒、柔玄，这六个军镇也被习惯称为六镇。（到底是哪六镇学界一直众说纷纭，此处据岑仲勉的《府兵制度研究》，上海人民出版社1957年版，以及《岑仲勉著作集》卷六，中华书局2004年版。）最初镇守六镇的士兵是由以鲜卑人为主体的胡族子弟，以及从中原移居而来的汉族豪族子弟构成的，他们是北魏挑选的精兵良将，满身荣光，且他们不像一般人那样在州、郡、县进行户籍登记。北魏为五胡十六国的纷乱画上休止符，进而统一了华北，这个鲜卑王朝在建国之初相继发动了对内的战争和对外的征伐。在这些战争中的主角当然也是这些士兵。然而随着时间无情地流逝，他们身上的荣光也正渐渐褪色。一直希望增强军事实力的北魏王朝决定将罪人发配到六镇，以充实军队。由于大量罪犯的涌入，造成了六镇士兵素质每况愈下的局面。比起这个，更为严重的后果是，这一状况必定会伤害原有士兵们的自尊心。而且更进一步加速这种衰落的，是孝文帝在太和十七年（493）开始实施的迁都洛阳计划。从平城[1]向洛阳迁都，让六镇从国都防卫重镇的地位上跌落下来，六镇驻军转而只能担任边境守备队的职责。不仅如此，还有更深层次的问题，包括禁止胡

---

[1] 平城，今山西省大同市。

语、胡服,胡姓要转为汉姓,发布效仿《周礼》而制定的度量衡制度,等等,孝文帝特别选择了汉族精神故乡的洛阳作为更加强力推进这一连串汉化政策的舞台。简而言之,迁都洛阳可以说是北魏从边境的少数民族王朝向中原王朝蜕变的宣言。孝文帝的目标是追赶并超越南朝,特别是因为北魏缺少南朝绚烂的贵族制度,为此他仿效南朝的贵族制度而实行了定姓族[1]的政策,这不过是为了将北魏的社会制度改造成南朝的模式而已。从此之后,孝文帝的目光不再朝向北方,而是朝向了南方。汉化政策虽果决却有些操之过急,作为其政策下的牺牲品,六镇被时代所抛弃,逐渐没落下来。果不其然,最初,作为镇民,区别于州、郡、县普通民众的标志是能否成为国家的选士。但不知何时,"镇民"这个词已经被渗入了"贱民"的微妙语义。在从镇制向州制转变的过程中,镇民当时虽明确地表达了自己的政治诉求,但无济于事。六镇逐渐成为北魏社会边缘人物的巢穴。统领镇民的镇将也是失去了在中央荣宠显达希望的人物,不得不淹留于此,他们的理想不过是克扣士兵,中饱私囊。破六韩拔陵举兵之前,在怀荒镇发生了血祭镇将的事件,镇将因其不肯

---

[1] 太和十九年(495),孝文帝下诏定代人姓族,诏云:"代人诸胄,先无姓族,虽功贤之胤,混然未分。故官达者位极公卿,其功衰之亲,仍居猥任。比欲制定姓族,事多未就,且宜甄擢,随时渐铨。其穆、陆、贺、刘、楼、于、嵇、尉八姓,皆太祖已降,勋著当世,位尽王公,灼然可知者,且下司州、吏部,勿充猥官,一同四姓。"见[北齐]魏收:《魏书》卷一百一十三,中华书局1974年版。

发放粮食给镇民而被杀。处在这种背景下的六镇，难以化解的不满情绪在一年年堆积起来。之后，柔然族的酋长阿那瓌入侵北魏北方边境。为了讨伐他，北魏朝廷派出了十五万大军，但吃了败仗，输得狼狈不堪。以此为契机，六镇镇民将本该对着阿那瓌的刀刃，转而对准了北魏王朝。

为响应破六韩拔陵，在遥远的河西高平镇，赫连恩举兵起事，并推举敕勒人胡琛为盟主。此后一系列叛乱在各军镇中接连不断，如同燎原之火一般蔓延开来，北魏王朝的北方以及西方一带的州、郡、县全部卷入其中。仅仅是正光五年（524）这一年，在秦州、南秦州、凉州、秀容、营州、夏州、东夏州、汾州[1]等各地都有举兵的记录。破六韩拔陵的叛军暂时被政府军队镇压后，死里逃生的六镇兵民被分散安置在冀、定、瀛三州[2]。对于这个处置，有人出现了"此辈复为乞活矣，祸乱当由此作"[3]这样的忧虑。果不其然，由于生活无法保障，六镇兵民只能再次起义。

由旧怀朔镇将领葛荣领导的，被称为"葛贼"的叛乱集团在河北一带劫掠的同时，逐渐开始窥伺洛阳。就在此时，有一个人表示愿意向北魏朝廷提供兵马。他正是被形容为

---

[1] 秦州，今甘肃省天水市一带；南秦州，今陕西省文县一带；凉州，今甘肃省武威市一带；秀容，今山西省忻州；营州，今辽宁省朝阳市；夏州，今陕西省靖边县；东夏州，今陕西省延安市一带；汾州，今山西省汾阳市。
[2] 这三州位于今河北省保定、沧州、衡水一带。
[3] ［北齐］魏收：《魏书》卷十八，中华书局1974年版。

第一章 南风不竞——侯景之乱始末记

"牛羊驼马,色别为群,谷量而已"[1]的秀容大牧场主,镇压了附近一带叛乱的羯族酋长尔朱荣。此时的他虽表现得如同面临危险局面的猫那样谦卑恭顺,而实际上他的野心却令人毛骨悚然。朝廷郑重地拒绝了他的提议。但是尔朱荣却不像表面上那样谦卑恭顺,他在太行山脉的各要地安排了兵力,一方面是为了防备"葛贼"的西进,另一方面是向天下夸耀自己的武力。

与此同时,北魏朝廷内部由于孝明帝与其父宣武帝的未亡人、灵太后胡氏这两派的明争暗斗已呈现白热化趋势,而实权正握在灵太后手中。拒绝尔朱荣的提议原本是灵太后的意思,而孝明帝显然是想依赖尔朱荣的。因此灵太后杀了孝明帝,册立了年仅三岁的幼帝,于是尔朱荣有了一直求而不得的、可以公然对朝廷举兵的借口。他从宗室中选中了长乐王元子攸,决定拥立其为天子。随即尔朱荣率领着骁勇善战的五千骑兵,从自己的大本营晋阳向洛阳进军。这些骑兵全部身着白色装束,意思是给孝明帝服丧并讨伐灵太后的罪行。元子攸从洛阳悄悄地逃出来,来到河内[2]的尔朱荣军营中,后者随即为他举行了即位仪式。此即为孝庄帝。尔朱荣进军到邙山之北、河阴之野[3],刚到此处,他便命令洛阳百官来迎接新天子的车驾。狼狈的百官匆忙赶到,却被骑兵团

---

[1] [北齐]魏收:《魏书》卷七十四,中华书局1974年版。
[2] 河内,今河南省沁阳市。
[3] 邙山,位于河南省洛阳市北;河阴,原河南省洛阳市孟津县。

团围住，之后他们便以导致天下丧乱以及孝明帝驾崩之罪被责问。所有官员全部惨遭屠戮，共计一千三百人，也有的说是两千人，甚至还有三千人的说法。紧接着，灵太后和幼帝一起被投进了黄河之中。这一事件发生在泰武元年（528）四月十三日，史称"河阴之变"。

控制洛阳后的尔朱荣，不久便在东边歼灭了"葛贼"，之后又在西边平定了威震关陇[1]的万俟丑奴。在烽火连天的动乱时代，尔朱荣的这一系列操作，让人似乎看到了统一的曙光在闪烁。然而令人意想不到的事情却发生了。孝庄帝抱着"朕宁作高贵乡公死，不作汉献帝生"[2]的决心，于永安三年（530），以皇子诞生为借口，召唤尔朱荣进洛阳，并在明光殿手刃了他。高贵乡公是曹魏第四代君主曹髦，他因一心想讨伐专横的司马昭而失败被杀。汉献帝是东汉的末代皇帝，后来禅位于魏文帝曹丕。孝庄帝与高贵乡公的处境相似，他的抵抗连一成胜算都没有，能想到的结局就是一个字——死。为此，他做好了赴死的准备。事后被尔朱氏一族带到晋阳的孝庄帝，在此地的三级佛寺结束了自己的生命。他在死前写下了一首凄凉悲苦的《临终诗》：

    权去生道促，
    忧来死路长。

---

[1] 关陇，今陕西甘肃一带的旧称。
[2] ［北魏］杨衒之：《洛阳伽蓝记》卷一，国家图书馆出版社2022年版。

第一章 南风不竞——侯景之乱始末记

怀恨出国门，

含悲入鬼乡。

隧门一时闭，

幽庭岂复光。

思鸟吟青松，

哀风吹白杨。

昔来闻死苦，

何言身自当。[1]

尔朱荣死后，他的侄子尔朱兆挑起了大梁，尔朱氏的权势荣华得以恢复和延续。随着河北地区从因"葛贼"的劫掠而导致的疲敝中渐渐恢复，河北汉人豪族中打倒尔朱氏的呼声很快达到了顶点。由此可见，尔朱兆的控制力远不及尔朱荣，尔朱氏一派内部也相继出现了叛徒和逃兵，其中一人，正是高欢。

史书记载，高欢来自渤海郡蓨县[2]的豪族，但这并不可信。其祖父辈是从河州[3]移民到怀朔镇的鲜卑人，这样说来他确实是平民出身。（浜口重国：《高齐出身考——高欢的称霸和河北豪族干兄弟的活跃》，《秦汉隋唐史研究》卷下，东

---

[1]　[北魏]杨衒之：《洛阳伽蓝记》卷一，国家图书馆出版社2022年版。
[2]　蓨（tiáo）县，今河北省景县。
[3]　河州，今甘肃省临夏回族自治州。

大出版会1966年版）高欢出身于所谓的怀朔镇队主[1]，这个职位是贫穷的下级武官。不久，他又成为被叫作"函使"的联络员，频繁来往于洛阳和怀朔镇之间。他因东奔西走而开了眼界。有一次，数千名禁卫军士兵因升官发财的通道被堵塞，积累的不满情绪爆发了，他们一把火烧了将军张彝的宅子。这个发生在神龟二年（519）的事件令高欢记忆犹新。时代正处于动荡不安中。"禁卫羽林军蜂拥到张彝的府邸放了火。然而朝廷却因害怕把事情闹大而不敢对肇事者兴师问罪。这才是现今世界的真实情况，是可以看出一些端倪的。"回到怀朔镇的高欢用比任何人都热切的语调来叙述这件事。孝昌元年（525），被破六韩拔陵叛乱刺激到的柔玄镇人杜洛周举兵，此时高欢不再迟疑，立即与数名志同道合的人一同投身于反叛的旋涡之中。然而当看出杜洛周器量极小之后，高欢对其不再抱有期望，于是转而投奔葛荣，后来又跟随尔朱荣驰骋天下。在尔朱荣权倾朝野之时，高欢抓住了机会，最大限度地展开了自己命运的翅膀。很早之前，尔朱荣就将那些因造反、逃难而南下的六镇镇民以及其他来自北边的百姓招致麾下，将以鲜卑人为主体的二十万百姓侨置在并、肆[2]、汾这三州。不久，这些百姓被编入军队充当炮灰。由于

---

[1] 队主，东晋至南北朝时期军事编制中的非正式官位，意为"一队之主"，相当于今天说的"队长"。

[2] 并州，今山西太原一带；肆州，北魏太平真君七年（446）置，领永安郡、秀容郡、雁门郡，治所在九原（今山西省忻州市）。

他们忍受不了每天都吃不饱饭的生活，开始持续暴动。对暴乱感到棘手的尔朱兆找高欢商量对策。高欢献策："六镇反残，不可尽杀，宜选王素腹心者，私使统焉。"[1]"善，谁可行也？"[2] 站在一旁的侍中贺拔允推荐了高欢。然而高欢却对贺拔允挥拳相向，打断了贺拔允的一颗门牙，而后对尔朱兆说："生平天柱时，奴辈伏处分如鹰犬，今日天下安置在王，而阿鞠泥敢诬下罔上，请杀之。"[3] 阿鞠泥是贺拔允的字。尔朱兆从这些言语中感受到了高欢的真诚，立即委任他去管理侨置的百姓。从此以后，高欢煞费苦心地安抚那些心里愤懑不平的人，成果立竿见影，民心委实渐渐都朝向了他。于是某日，高欢开始率领侨置的百姓向东迁徙。他们首先以河北的平原为目的地。发觉被骗的尔朱兆亲自策马追击，已经能看到漳河对岸迁徙队伍中人和马匹的身影了。然而上天是站在高欢一边的，此时突降大雨，雨水冲断了桥梁。高欢根本不理睬身后追赶者的谩骂恶态，只管向着东边继续行军。河北地区反对尔朱氏势力的领导者高乾和封隆之也投靠了高欢。普泰元年（531）二月，高欢进入了信都城[4]。

  不久，高欢联合鲜卑士兵、河北乡兵，扫荡了尔朱氏一党，在公元534年拥立孝静帝元善见，并从洛阳迁都邺城[5]。

---

[1][2][3] 　[唐]李延寿：《北史》卷六，中华书局1974年版。
[4] 　信都城，今河北省衡水市冀州旧城。
[5] 　邺城，旧址在今河北省邯郸市临漳县。

迁都的诏书颁布仅仅三日，迁都的队伍就出发了。"车驾便发，户四十万，狼狈就道"[1]，可见这是一次匆忙进行的迁都。孝静帝诏书中迁都的理由竟然是认为洛阳的位置距离关中过近。此时在关中，武川镇出身的鲜卑人宇文泰已经确立了霸权，早就在长安拥立了北魏宗室中的一人为皇帝，北魏自此分裂为东西两个部分。这之后，高欢成为在晋阳开府的大丞相府的主人，并得到邺城内徒有其名的东魏皇帝的册封，成为一人之下万人之上的渤海王，威震整个东魏。

　　＊本节大部分内容参考了谷川道雄所著《隋唐帝国形成史论》(筑摩书房1971年版)中收录的《北魏末期的内乱和城民》一文。

"缚取萧衍老公！"

在高欢尚未显达时所认识的志同道合者中，我们可以发现同样出身怀朔镇，任功曹史乃至外兵史的侯景的名字。侯景这个人有"朔方"出身、"雁门"出身的不同说法，虽然其名字是汉名，但据姚薇元的《北朝胡姓考》(科学出版社1958年版)考证，侯景本来的姓氏是"胡引"，出自羯族。

六镇之乱爆发之始，侯景也投身于尔朱荣麾下，因生擒

---

[1] [唐]李延寿：《北史》卷六，中华书局1974年版。

葛荣而功高名显，而且是凌驾在高欢之上的。数年之后，扫荡尔朱氏势力的高欢热烈地迎接了这位旧时好友。从那时开始，侯景被任命为掌管人事的吏部尚书，不得不过着整天盯着别人履历的生活。对这个男人而言，这样的生活充满了无聊感。"何当离此反故纸邪？"[1]他很快就有了这样的抱怨。然而一旦被任命为军事上的指挥官，他的才干便显得出类拔萃了。身形矮小而且右腿偏短的侯景，不善弓马之术，但他却具备与外表不相符的胆量和敏锐狡猾的头脑。他待人亲切，逐渐混出了名气。他又自视甚高，曾当面嘲讽高欢器重的部将高昂和彭乐不过是猪一样的武将。他受高欢之命，曾招抚盘踞在河西地方的蛮族费野头[2]房，还作为使者去过关中，见过宇文泰。东魏天平三年（536），侯景被任命为南道行台，尽心竭力投身于对南方的梁、西方的西魏的攻防等军事行动，并转战在河南平原各处。

他总是喜欢用这样的口气说话："宇文泰恃于战胜，今必致怠，请以数千劲骑至关中取之。"[3]又说："请兵三万，横行天下；要须济江缚取萧衍老公，以作太平寺主。"[4]萧衍即梁武帝。《资治通鉴》注释者胡三省注释道："太平寺盖在邺。"[5]虽说天平寺是邺城佛教传播的中心，这是个众所

---

[1][3][4]　[唐]李延寿：《南史》卷八十，中华书局1975年版。
[2]　费野头又作"费也头"，是匈奴对服贱役者的称呼，他们多由被征服的鲜卑及高车等族人民组成，身份地位类同奴隶。匈奴贵族往往将他们用于放牧，故《魏书·尔朱荣传》称"费也头牧子"。
[5]　[宋]司马光：《资治通鉴》卷一五九，中华书局2011年版。

周知的事实，但笔者对太平寺这个名字却有点孤陋寡闻。此时的江南，在崇佛皇帝萧衍的统治下，正处于讴歌太平盛世之时，侯景出于对萧衍的讽刺挖苦之情，虚构了太平寺的寺名也是有可能的。暂且不做这个探讨，如果东魏的士大夫们听到侯景"缚取萧衍老公"这样的狂放之言，一定会吓得瘫倒在地。此时东魏文臣武将贪腐成风，侯景也在其中。大行台郎中杜弼不能容忍，想整治又感到棘手，他提出了对侯景算是恰如其分的处置意见，高欢却责备了他，并对他解释道："弼来，我语尔。天下浊乱，习俗已久。今督将家属多在关西，黑獭[1]常相招诱，人情去留未定。江东复有一吴儿老翁萧衍者，专事衣冠礼乐，中原士大夫望之，以为正朔所在。我若急作法网，不相饶借，恐督将尽投黑獭，士子悉奔萧衍，则人物流散，何以为国？尔宜少待，吾不忘之。"[2]

将军们的去留竟然取决于宇文泰的态度，士大夫们期望的却是南朝梁这样的理想社会，东魏的国情正是如此这般的复杂。文臣和武将之间有巨大的隔膜，此时两者之间有激烈的摩擦，互相倾轧。如果对两者之间关系协调失败的话，很快就会分裂成两个阵营，这正是想要维持国家正常运作的高欢的最大烦恼。杜弼是典型的士大夫，他的本心是要防止不管文臣还是武将的贪污。他和高欢之间曾有过以下这样的对

---

[1] 黑獭，宇文泰的字。
[2] ［唐］李百药：《北齐书》卷二十四，中华书局1972年版。

话。杜弼认为"先除内贼,却讨外寇"[1]。高欢问:"内贼是谁?"[2]杜弼道:"诸勋贵掠夺万民者皆是。"[3]高欢立即召集将士,张弓搭箭,举刀执矛,左右列队。高欢令杜弼在列队士兵的人墙中穿行而过,杜弼顿觉恐惧而额头冒出冷汗。高欢见此说道:"箭虽注,不射;刀虽举,不击;矟虽按,不刺。尔犹顿丧魂胆,诸勋人触锋刃,百死一生,纵其贪鄙,所取处大,不可同之循常例也。"[4]自此之后,杜弼对治理贪官污吏有了全新的认知,但是在东魏国内,文臣武将的对立形势依然是极其严峻的。由于东魏是胡汉杂居的国家,情况必然是很复杂的。

就像下面这个例子。鲜卑人嫌弃在东魏为官的"中华朝士"们,但却对其中的一人另眼相看,这个人就是高昂。平时高欢对军队颁布的命令都是用鲜卑语写的,但只要高昂在座,他就会使用汉语。这个故事说明了在东魏军队内部,胡族风气根深蒂固。一方面,"中华朝士"们被以鲜卑人为代表的胡族所排斥;另一方面,他们自己又只以构筑士大夫世界为目标。与高昂同族的高德政,总是说:"宜用汉人,除鲜卑。"[5]杜弼也常常持这样的论调:"鲜卑车马客,会须用中国人。"[6]他们还一心模仿南朝贵族的生活方式和文化,

---

[1][2][3][4] 〔唐〕李百药:《北齐书》卷二十四,中华书局1972年版。
[5] 〔唐〕李百药:《北齐书》卷三十,中华书局1972年版。
[6] 〔唐〕李百药:《北齐书》卷二十四,中华书局1972年版。

并找寻其中的意义与价值。梁武帝动员学士们编纂的大部头百科全书、共计六百二十卷的《华林遍略》很快便传入了东魏，梁朝的诗文泰斗沈约、任昉也被当作师表。东魏的代表文人邢子才非常欣赏沈约，而另一位文人魏收则爱慕任昉。因此，在邺城的士大夫社会中，人们议论纷纷，以至于因为选择了不同的"偶像"而被分成了不同的派别。在颜之推的《颜氏家训》文章篇中有这样的记载："任、沈之是非，乃邢、魏之优劣也。"[1]

南朝四百八十寺

梁武帝治下的江南，因令人炫目的太平盛世而被讴歌着，是东魏士大夫热切憧憬的对象。庾信的《哀江南赋》有这样的吟咏："五十年中，江表无事。"[2]此言不虚。在宋、齐、梁、陈四个王朝加起来的一百七十年中，共出现了二十三位天子，废立、弑逆、篡夺的戏码不断上演，循环往复。在这样动荡不安的南朝历史中，却有一位天子开创了五十年（准确地说是四十八年）的太平盛世，这是超群绝伦的。北方的混乱不堪作为梁太平盛世的原因之一，这一点南北是完全相反的。北朝内部的动摇和混乱，对江南而言就意

---

[1] ［北齐］颜之推：《颜氏家训·文章第九》，国家图书馆出版社2021年版。
[2] ［北周］庾信撰，［清］倪璠注，许逸民校点：《庾子山集注》卷二，中华书局1980年版。

味着军事威胁大幅度降低。这个时期，梁朝有着将亡命江南的北魏宗室元颢送回洛阳的计划，虽然失败了，但之后梁朝又以高明的手段干涉了北朝的内政，努力与东魏保持友好的关系。当然，江南太平的理由不仅仅是因为和北方有着这样的关系。当初，梁武帝以讨伐南齐"恶童天子"、东昏侯的名义在襄阳举兵，并于公元502年建立了梁朝。当时的梁武帝是当之无愧的英迈之主，他一登场便整肃了弥漫于东昏侯时代奢靡享乐的风气。

　　南北朝以及之前的魏晋，合起来叫作六朝[1]。六朝社会也可以叫作贵族制社会。如果要简略叙述一下当时贵族制社会的结构，大概如下面所述：这个社会是由士、庶民、贱民这样不同身份的人组成的。士享受各种各样的特权，于是就有这样的表述："士庶之际，实自天隔"[2]。士与庶民有天壤之别，而贱民则完全被置于社会地位之外。士作为主人，被授予免除徭役的特权，这是在法制上的笼统概念。在士的内部还有一层层的阶层之分。士之中占有最高地位的即在社会上占有最高地位的，也就是所谓的贵族。内藤湖南博士关于这个时代的贵族这样叙述道："作为制度，天子无法给予人民土地，所以大家族自然能作为地方的名门望族永远存续下去。"这就说得很明白了（《概括性的唐宋时代观》，《东洋

---

[1] 六朝，通常指从三国时期的吴国到南朝陈这六个以建康为首都的朝代。
[2] ［梁］沈约：《宋书》卷四十二，中华书局1974年版。

文化史研究》，弘文堂1936年版；又《内藤湖南全集》第八卷，筑摩书房1969年版）。贵族大概是在帝国崩溃倾颓的东汉末年产生的，在依靠层累的历史堆积形成门第之前便存在了。这就是门阀贵族。而在这一时期，根据特殊的官僚任用制度，即九品官人法（或称为九品中正制），贵族会获得与门第相匹配的官职。"当时的政治应该是全体贵族所专有的，只要是贵族，入世必然做官。"内藤博士的撰述指出了这一点。不仅仅是政治，还可以看到整个社会都掌握在贵族手中。贵族凌驾在整个时代之上。无论经济或者文化上如何优秀，有庶民存在的场合，庶民就会被贵族冠以"寒士""寒人"之名而进行排斥。在法制上也是如此，正因为不同的士的身份差别，下级士族便有了"寒门"的卑贱称谓。当然，寒人和寒门子弟有时也会作为天子的近臣而被起用。但贵族认为这些人是贵族社会秩序的破坏者，故称他们为"恩幸之人"。恩幸之人这个词不仅仅是从历史背景中来的，还有从天子处获得微薄的恩遇而侥幸生存下来的人的意思。这个词是一种被赋予了浓烈感情色彩的蔑称。正所谓木秀于林，风必摧之。在贵族的面前，恩幸之人连坐都不能坐。据说当时曾有一恩幸之人得到了天子的教导："卿欲作士人，得就王球坐，乃当判耳……若往诣球，可称旨就席。"[1]但当他按照天子教导之言入席就座后，主人却摇着扇子道："若不得

---

[1] ［梁］沈约：《宋书》卷五十七，中华书局1974年版。

尔。"[1]他只好垂头丧气地告退，悻悻而归。天子听说后如此叹道："我便无如此何。"[2]这绝不是一个笑话。这个故事中登场的天子就是刘宋的第三代皇帝——宋文帝刘义隆。在宋文帝治世下的元嘉时代（424—453），作为梁武帝治世之前的南朝盛世，被后世赞颂为"元嘉之治"。宋文帝始终都尊重贵族制社会的规则，他的这种政治姿态被认为是极大程度地在迎合贵族们。

但是，贵族制社会形成后，经过两三百年的时间，到了5、6世纪之交，谁都不得不承认当时社会各阶层中崩塌的现象开始产生。被贵族视为卑贱的寒门乃至寒人，虽然依旧被认为是卑贱的，然而他们的势力却着实增强了。随着生产力的发展和商品经济的增长，富裕的庶民出现了，他们中不少人成为了天子的近臣，占据了政权的一隅。南齐永明三年（485），在浙江一带发生了唐寓之暴乱，暴乱发动者就是为了谋求社会地位的改善。变得富裕的庶民是这次暴乱的主体。东晋末年，同样在浙江一带进行劫掠活动的孙恩之乱，其主体被认为是落魄无依的庶民。两相比较可成对照。渐渐地，商品经济的威力在庄园中起到了推动作用，曾经接受贵族委托对庄园进行管理的守园人，他们往往是寒人出身，守园人被给予的自由逐渐增加，贵族的经济基础开始削弱。（川胜义雄：《关于南朝贵族制没落的考察》，《东洋史研究》

---

[1][2]　［梁］沈约：《宋书》卷五十七，中华书局1974年版。

二〇卷四号；又《六朝贵族制社会研究》，岩波书店 1982 年版，第Ⅲ部第四章改题收录的《南朝贵族制的崩溃》）梁武帝在不断变化的现实面前，认识到南齐东昏侯沉溺于颓靡之中已无可救药，并且必须要进行一些改革。对于这一点，宫崎市定博士有如下的阐述："武帝对事情的本质有所思考，对于贵族而言，应该被着重采纳的点是尊重。不是尊重现实中的贵族制度，而是对其精神的尊重。即这份尊重应该放在贵族的教养上，而不是现实的门第。于是可以得出这样的结论，门第低但有贵族教养的人必然陆续被录用。"（《九品官人法的研究——科举前史》，京大东洋史研究会 1956 年；又《宫崎市定全集》第六卷，岩波书店 1992 年版）如此这般，"寒门"以及"寒士"，即所谓的下等人，他们的晋升之门被打开了。这对僵化的社会来说无疑是一剂强心针。

　　梁武帝是一个有野心的政治改革者，与此同时他还是优秀的文人、学者。他身上具备的教养和学问让他立身于时代之中，这足以令贵族们有所敬畏。因此他作为愈发英迈的帝王君临于世。假如他没有成为天子，青史之中依然会留有萧衍之名。年轻的南齐竟陵王萧子良曾在都城鸡笼山下建立西邸。萧衍是出入西邸的文人宾客，是"竟陵八友"之一。王船山的《读通鉴论》中有以下的指摘：

　　　　帝固起自儒生，与闻名义，非曹孟德、司马仲达
　　之以雄豪自命者也；尤非刘裕、萧道成之发迹兵闲，

茫然于名教者也。[1]

确实，梁武帝的个性风格与"雄豪"的曹操和司马懿碰巧相似，但与宋的创立者刘裕、南齐的创立者萧道成那般的野鄙、粗暴完全不同。为了不引起误解，这里有一点需要补充，王船山所提到的"固起自儒生"是着重说明梁武帝本来就是一名学者。他的学问不限于儒学。梁武帝兼习以《易》、老庄为基石的形而上的玄学，以及儒学、文学、史学，也可以说他是以兼修儒教、佛教、道教为目标的六朝士大夫的典型。据《梁书·武帝纪》记载，他的著述中属于外典的有《制旨孝经义》《周易讲疏》《六十四卦二系文言序卦等义》[2]《乐社义》《毛诗答问》《春秋答问》《尚书大义》《中庸讲疏》《孔子正言》以及《老子讲疏》，而属于内典的有《涅槃经》《大品般若经》《维摩经》《三慧经》诸经义记。除此之外他还撰有《文集》一百二十卷。在梁武帝主持下，南梁诸臣奉旨编纂而成的"吉凶军宾嘉五礼"有一千余卷，还有梁武帝亲自执笔赞序的《通史》六百卷，等等。这些只是根据《梁书》的记录，实际的撰述应该比这些更多。梁武帝的才能不仅仅局限于王船山所说的"名教"领域，而且在其他非"名

---

[1] ［清］王夫之：《读通鉴论》卷十七，中华书局2013年版。
[2] 《六十四卦二系文言序卦等义》这一书名，在《梁书》卷三的原文为："六十四卦、二系、文言、序卦等义"，并非一本书的书名。见［唐］姚思廉：《梁书》卷三，中华书局1973年版。

教"领域也得到了展现。特别是在佛教领域，不得不说他作为世俗世界的统治者，涉足佛教过深了。这是广为人知的事实，总的情况如下文所述。

梁武帝即位后不久的天监三年（504）四月八日，正逢举行灌佛仪式[1]，梁武帝舍去了从前的道教信仰，向佛法僧三宝发誓要一心一意于佛教信仰。接着在同月十一日，门下省下发了一通敕文，劝说、奖励公卿百官、侯王宗族也入信佛教。在天监十八年（519），梁武帝进一步接受菩萨戒，被授予了"冠达"的法名。此时修寺建塔较之前也更加盛行。晚唐诗人杜牧吟咏过："南朝四百八十寺，多少楼台烟雨中。"虽然这是杜牧对梁武帝时代的纵情想象，但"四百八十寺"可不是诗歌的夸张手法。梁武帝时代有一位叫作郭祖深的人物，在他的上奏中，提到的可不止四百八十座佛寺："都下佛寺五百余所，穷极宏丽。僧尼十余万，资产丰沃。所在郡县，不可胜言。"[2]此时，国都建康人口急剧膨胀，总计有二十七万的户数。然而除此之外，五百座寺院中还有数量庞大的十余万僧尼。算得上"穷极宏丽"的寺庙的，正是于公元527年在台城北边营建的同泰寺。这是一座容易被误认为是皇宫的寺庙。寺庙大殿位于正面，九层佛塔高耸入云。为了驾幸的方

---

[1] 相传农历四月八日为释迦牟尼生日，佛教徒在这一日用浸有各种名贵香料的水洗灌佛像，谓之灌佛，也称浴佛。
[2] ［唐］李延寿：《南史》卷七十，中华书局1975年版。

便,梁武帝可以穿过新建在台城北边朝向同泰寺南门的大通门。"同泰"和"大通"可以说是相反的。"tongtai"(同泰)这两个音节互换的话就变成了"taitong"(大通)[1]。这是个有趣的语言文字游戏。也是在这一年,梁武帝改年号为"大通"。驾幸同泰寺的梁武帝坐在高座上讲经,僧俗听众达万余人。同泰寺还在梁武帝主持下举行了无遮大会。不分僧俗,无论贵贱,所有人都进行佛法和财物的布施。在中大通元年(529)的无遮大会上,僧俗五万余人参与集会。这里还举行了三次到四次的舍身仪式。梁武帝舍弃皇位,成为"三宝奴"。每当此时,以皇太子为首的百官们一同向僧众请求,以一亿万钱替梁武帝赎身。僧众默许后,百官又三度奏请还驾台城,之后梁武帝应允。在应允之前,梁武帝还要作三封答书。虽然贵为皇帝,这些答书却以与其身份不相称的"萧衍顿首"作为开头,并以"萧衍顿首"结尾,这表明梁武帝早已将自己的身体奉献给了三宝,身上是没有帝位的。因此当返回台城后,他身着衮冕,乘坐金辂,驾临太极殿,举行如即位一般隆重的仪式。之后,大赦天下,更改年号。在宗庙祭祀中,一般会供奉名叫"血食"的牺牲,这是中国古礼所规定的。但其实这是违背佛门"不杀生戒"的。因此在天监十六年(517)以后,梁朝祭祀时改为使用"面牲",即用面粉制作的代用祭祀品。梁武帝的日常生活也与出家人一样,

---

[1] "大",古通"太"。

遵守着严格的戒律，每日只吃一顿饭，遵守"不饮酒戒"而滴酒不沾，遵守"不杀生戒"而仅仅食用豆汤和糙米制作的素食。梁武帝穿着之物没有丝绢，仅仅只有布衣。另外，宗庙祭祀、大会飨宴以及法事之外都不允许听到音乐。而且，不到五十岁梁武帝更是完全断绝了房事。

《南史·梁武帝纪》中评价这样的梁武帝为"溺于释教"[1]。这也使梁武帝成了初唐的傅奕、中唐的韩愈等排佛论者所非难的对象。不仅是排佛论者，对梁武帝信仰批判的言论在佛教典籍中也有发现。《六祖坛经》中记载，梁武帝问："朕一生已来造寺、布施、供养，有功德否？"达摩一声叱咤："并无功德。"书中还记录了六祖慧能这样的话："功德自心作，福与功德别，武帝不识正理。"[2]梁武帝这样的行为可以叫作福德，与功德是有区别的。虽然他与达摩见面交谈的记录是在禅宗形成过程中捏造的虚构故事，但两者有观念冲突是客观存在的。禅宗主张"佛在心中"，阐释"心即是佛"，将"一切有为法"视作"如梦幻泡影"。站在禅宗的立场上，就能否定梁武帝的信仰，这也是不争的事实。

即使在梁武帝时代，少数佛教批判者也是存在的，如范缜、荀济，还有前文刚刚提及的郭祖深。比如郭祖深上奏中就曾写到"舆榇诣阙"，他是做好了向梁武帝痛陈官吏苛暴、人民不事稼穑、举国崇佛的弊端后慷慨赴死的准备，但后来

---

[1] ［唐］李延寿：《南史》卷七，中华书局1975年版。
[2] 李申校译，方广锠简注：《敦煌坛经合校译注释》，中华书局2018年版。

他到建康后依然无法阻止崇佛的风潮，于是发出警告："恐方来处处成寺，家家剃落，尺土一人，非复国有。"[1]但是大多数人对梁武帝的崇佛持肯定和欢迎的态度。下面的事实很好地说明了这一点。梁武帝为了反驳激进的排佛论者范缜的《神灭论》，选取了《礼记》中关于神不灭之义的两则文字，撰写敕文来说明神不灭，也就是灵魂不灭，不仅是佛教的主张，在儒家的主张中也是明确存在的。梁武帝并将此文赐予光宅寺的法云法师。法云阅读敕文后，立即将其传阅给王公朝贵们并收集他们的意见。

> 伏览渊旨理精辞诣。二教道协于当年，三世栋梁于今日。足使迷途自反，妙趣愈光。[2]

《弘明集》收录了王公朝贵意见集的开头部分。上面这段引文是梁武帝的弟弟、临川王萧宏的意见。从接下来收录的六十一人的意见来看，若将署名互相调换也是没有影响的，因为都是千篇一律的论调——对梁武帝神不灭论的赞叹。虽然如此，我们不能将这个解释为是梁武帝党同伐异[3]

---

[1] ［唐］李延寿：《南史》卷七十，中华书局1975年版。
[2] ［梁］释僧祐：《弘明集》卷十，国家图书馆出版社2018年版。
[3] 日文原文为"踏绘"，意为踩圣像。日本江户时代，幕府命令被怀疑为天主教徒的人用脚践踏基督和圣母玛利亚等圣像的一种制度，目的在于识别他们是否为天主教徒。结合上下文，作者用在此处，意指梁武帝不是用这些意见作为甄别臣子是否为佛教徒的工具。

的行为。六十二位王公朝贵，无疑囊括了代表那个时代的士大夫们，他们确实是真正的佛教信徒，不能被认为是屈服了权力而表面服从的。影响力如此之大的佛教思想不知不觉渗透进了梁朝士大夫的意识形态中，对他们而言，梁武帝可以说不仅是他们日常世俗生活层面的主人，也是自我精神生活层面上的领袖。

江南的光与影

很好地经历过梁武帝太平盛世的颜之推，在这之后尝尽了亡国和流亡各国的辛酸痛苦。《颜氏家训》虽说是他基于这些经历产生的反省，但该如何思考他留下的以下的记录比较好呢？以下引用的三段内容来自《颜氏家训》。

> 梁世士大夫皆尚褒衣博带，大冠高履，出则车舆，入则扶侍。郊郭之内，无乘马者。周弘正为宣城王所爱，给一果下马，常服御之，举朝以为放达。至乃尚书郎乘马，则纠劾之。[1]

果下马是濊国[2]产的小型马。身高不过三尺，即使在果树之间也能自由地来回乘骑，因此而得名。

---

[1] ［北齐］颜之推：《颜氏家训·涉务第十一》，国家图书馆出版社 2021 年版。
[2] 濊（hui）国，又作秽国，是古代朝鲜半岛东部的一个国家。

第一章 南风不竞——侯景之乱始末记

梁朝全盛之时,贵游子弟多无学术。至于谚云:"上车不落则著作,体中何如则秘书。"[1]

著作郎和秘书郎是只会授予贵族子弟的初任官职,是世人所仰望的官职。而"体中何如"是中国古代的书信用语,是"身体如何"的意思。贵族子弟只要能写字就能成为秘书郎。作者接着写道:

无不熏衣剃面,傅粉施朱,驾长檐车,跟高齿屐,坐棋子方褥,凭斑丝隐囊,列器玩于左右,从容出入,望若神仙。明经求第,则雇人答策;三九公䜩,则假手赋诗。当尔之时,亦快士也。[2]

"明经……赋诗"这两句批判的是当时找替身参与高等文官考试以及在三公九卿举办的宴席中找人代为作诗的丑陋社会现象。

在颜之推年轻的时候,正是梁武帝治下的太平盛世中,颜之推也如普通人一般,拥有仿佛身患热病那样的狂热和陶醉,但正如前面所述的,之后他所经历的亡国和流浪各国的苦楚经验彻底荡涤了这些情绪,他在清醒的状态中写下了以上所引的文字。颜之推所描绘的一定与梁武帝所梦见的诸佛

---

[1][2] [北齐]颜之推:《颜氏家训·勉学第八》,国家图书馆出版社2021年版。

国土的悦乐毫无关系，倦怠、无力、沉滞、惯性、无纪律、颓废，如此这般的现象是与梁武帝的太平盛世表里不一的。研究发现，早在梁武帝统治时代，处在良好环境里的士大夫中就有表达警示之言的有识之士，如同在和平和繁荣的光辉之外投射下的阴影。郭祖深是这样的人，后来上奏揭露四个严重社会问题的贺琛也是这样的人。

贺琛提出的四个问题是：（一）不堪苛捐杂税的百姓流亡于外，因而户口减少；（二）风俗侈靡；（三）下级官员中普遍存在的以出世思想来立身的风潮；（四）徭役繁重而国弊民疲。但是梁武帝一读完这则上奏便如同孩童一般生气了。他召见了佑笔的主书令史，命令他一个个详细地进行驳斥，之后再让他传达给贺琛。这里选取梁武帝和贺琛关于第二个问题"风俗侈靡"的问答来看看当时的情形。贺琛首先写了下面这段话：

> 今天下宰守所以皆尚贪残，罕有廉白者，良由风俗侈靡，使之然也。淫奢之弊，其事多端，粗举二条，言其尤者。[1]

之后便条分缕析地进行陈述：

---

[1]　[唐]姚思廉：《梁书》卷三十八，中华书局1973年版。

> 夫食方丈于前，所甘一味。今之燕喜，相竞夸豪，积果如山岳，列肴同绮绣，露台之产，不周一燕之资，而宾主之间，裁取满腹，未及下堂，已同臭腐。[1]

对此梁武帝的反驳是这样说的：

> 其勤力营产，则无不富饶；惰游缓事，则家业贫窭，勤修产业，以营盘案，自己营之，自己食之，无可施设，此何益于天下？且又意虽曰同富，富有不同：悭而富者，终不能设；奢而富者，于事何损？若使朝廷缓其刑，此事终不可断；若急其制，则曲屋密房之中，云何可知？若家家搜检，其细已甚，欲使吏不呼门，其可得乎？更相恐胁，以求财帛，足长祸萌，无益治道。[2]

特别是梁武帝统治的晚期，成了采取这种彻底的自由放任主义政策的时代。虽说如此，但是却不能称之为无为而治。很多政策听上去很好，但施行起来困难重重，梁武帝轻描淡写地看待国家存在的贫富问题，认为贫富是对劳动的惰与勤而做出的回报，且仅仅只是一部分有闲阶级在奢靡景象中沉迷。然而事实并非如此，人们早已被奢靡风气所腐蚀，成了悲哀的存在。虽然贺琛一贯有类似的看法，但这样的观

---

[1][2] ［唐］姚思廉：《梁书》卷三十八，中华书局1973年版。

点恐怕只会被别人视为未能享受时代恩惠的人的怨言或嫉妒罢了。为了证明梁武帝对贺琛的反驳不仅仅是出于一时的不满,而是他日常的作风,下面介绍那位带领着六十二位王公朝贵赞扬梁武帝信仰正确的临川王萧宏的故事。这个故事记载在《南史·萧宏传》中。

萧宏府邸的内堂背面并排列着上百间库房,平时总是被重锁牢牢锁住。有人怀疑其中可能藏有铠甲兵器。因为有人告密,梁武帝便来到了萧宏的府邸,萧宏在府中摆设酒宴款待。酒酣耳热之际,梁武帝说道:"我想去你的后房看看。"说完向着库房的方向走去。然而突击检查的结果却出人意料,库房内全都是钱,每百万钱用一根黄色带子捆扎,而每千万钱则用紫色带子捆扎。这样的库房有三十余间,共藏有三亿多的钱。其他库房贮藏有布、绢、丝、绵、漆、蜜、纻、蜡、朱砂、黄屑、杂货等等,皆堆积如山。梁武帝对着正准备接受责备的最小的弟弟展露笑颜,说道:"老六,你很有本事啊。不管这些,来,让我们继续痛饮吧!"[1] 已故的白乐日[2]教授写道:"当时对最大的有势力的家族最好用的手段就是把债务人从他们用于抵债的土地上

---

[1] 《南史》原文为:"帝始知非仗,大悦,谓曰:'阿六,汝生活大可。'方更剧饮,至夜举烛而还。"日文原文虽标记为引用,但引用内容与《南史》原文有出入。见〔唐〕李延寿:《南史》卷七十,中华书局1975年版。

[2] 白乐日(Etiene Balazs,1905—1963),法国著名汉学家,中国古代经济史学者。著有《唐代经济史》《哲学家范缜及其〈神灭论〉》《中国中世纪社会经济研究》《中国文明与官制》等著作,并参与过"宋史研究计划"部分项目。

赶走，但这些大家族中往往就有梁武帝的至亲兄弟。应该说这与正史中所见到的禁止土地兼并的手段就很矛盾了。"（松村祐次译：《中国文明与官制》，美铃书房1971年版）他所提到的有势力的大家族不是别人，正是萧宏。"宽宏大度"的梁武帝将萧宏大量囤积货币物资的行为看作是"勤修产业"，竟然纵容赞许。

梁武帝对贺琛的反驳继续着：

> 若以此指朝廷，我无此事。昔之牲牢，久不宰杀，朝中会同，菜蔬而已，意粗得奢约之节。若复减此，必有蟋蟀之讥。若以为功德事者，皆是园中之所产育。功德之事，亦无多费，变一瓜为数十种，食一菜为数十味，不变瓜菜，亦无多种，以变故多，何损于事，亦豪芥不关国家。如得财如法而用，此不愧乎人。我自除公宴，不食国家之食，多历年稔，乃至宫人，亦不食国家之食，积累岁月。凡所营造，不关材官，及以国匠，皆资雇借，以成其事。近之得财，颇有方便，民得其利，国得其利，我得其利，营诸功德。或以卿之心度我之心，故不能得知。所得财用，暴于天下，不得曲辞辩论。[1]

贺琛总是将"风俗侈靡"作为一个社会问题，而梁武

---

[1]　[唐] 姚思廉：《梁书》卷三十八，中华书局1973年版。

帝偷换概念，装聋作哑，将此作为自己个人的问题。从这些反驳的言论中还可以看到一些问题，是梁武帝完全没有意识到的。胡三省将问题的重点正确地指了出来，于是有了以下的批注："帝奄有东南，凡其所食，自其身以及六宫，不由佛营，不由神造，又不由西天竺国来，有不出于东南民力者乎？惟不出于公赋，遂以为不食国家之食。诚如此，则国家者果谁之国家邪？"[1]

贺琛和梁武帝的对话还在继续着：

> 又歌姬舞女，本有品制，二八之锡，良待和戎。今畜妓之夫，无有等秩，虽复庶贱微人，皆盛姬姜，务在贪污，争饰罗绮。[2]

> 卿又云女妓越滥，此有司之责，虽然，亦有不同：贵者多畜妓乐，至于勋附若两披，亦复不闻家有二八，多畜女妓者。此并宜具言其人，当令有司振其霜豪。[3]

> 故为吏牧民者，竞为剥削，虽致赀巨亿，罢归之

---

[1]　[宋]司马光：《资治通鉴》卷一五九，中华书局2011年版。
[2]　此为贺琛的奏文。见[唐]姚思廉：《梁书》卷三十八，中华书局1973年版。
[3]　此为梁武帝的反驳。见[唐]姚思廉：《梁书》卷三十八，中华书局1973年版。

日,不支数年,便已消散。盖由宴醑所费,既破数家之产;歌谣之具,必俟千金之资。所费事等丘山,为欢止在俄顷。乃更追恨向所取之少,今所费之多。如复傅翼,增其搏噬,一何悖哉!其余淫侈,著之凡百,习以成俗,日见滋甚,欲使人守廉隅,吏尚清白,安可得邪!今诚宜严为禁制,道之以节俭,贬黜雕饰,纠奏浮华,使众皆知,变其耳目,改其好恶。夫失节之嗟,亦民所自患,正耻不及群,故勉强而为之,苟力所不至,还受其弊矣。今若厘其风而正其失,易于反掌。夫论至治者,必以淳素为先,正雕流之弊,莫有过俭朴者也。[1]

此言大善。夫子言:"其身正,不令而行;其身不正,虽令不从。"朕绝房室三十余年,无有淫佚。朕颇自计,不与女人同屋而寝,亦三十余年。至于居处不过一床之地,雕饰之物不入于宫,此亦人所共知。受生不饮酒,受生不好音声,所以朝中曲宴,未尝奏乐,此群贤之所观见。朕三更出理事,随事多少,事少或中前得竟,或事多至日昃方得就食。日常一食,若昼若夜,无有定时。疾苦之日,或亦再食。昔要腹过于十围,今之瘦削裁二尺余,旧带犹存,非为妄说。为谁为之?救物故也。《书》曰:"股肱惟人,良臣惟圣。"向使朕有股

---

[1] 此为贺琛的奏文。见[唐]姚思廉:《梁书》卷三十八,中华书局1973年版。

肱，故可得中主。今乃不免居九品之下，"不令而行"，徒虚言耳。[1]

梁武帝以"为谁为之？救物故也"这样恪谨的态度为骄傲。虽然说"救物"原本是《老子》中的话，但在六朝时为了表现普度众生的佛以及菩萨的态度，这个词被频繁使用。由此可见，梁武帝早已不仅仅是世俗世界的统治者了。在对贺琛的上奏一条条加以驳斥之前，从梁武帝即位开始算，时间已经过去了整整四十年，到了6世纪的40年代。即使是多么英明的君主，经过了四五十年还能保持最初的心态而没有堕落，真是太难了。四五十年在这里是轻飘飘的四个字，但放在人的一生中来看，却是一段足以令人敬畏的岁月。

侯景的归顺

故事的舞台再次转移到了东魏。

为建立新的国家而鞠躬尽瘁的高欢，在武定五年（若以梁的年号为记则是太清元年，547）正月丙午（初八日）殁于晋阳丞相府，享年五十二岁。在此之前，依靠着高欢强大的领导力，东魏国内诸势力达到了平衡。高欢的死让这一平衡的形势濒临打破的危险。高欢的世子高澄此时还是个

---

[1] 此为梁武帝的反驳。见［唐］姚思廉：《梁书》卷三十八，中华书局1973年版。

二十八岁的年轻人，而作为高欢拥戴者的旧部，也就是"勋贵"之中，存在着不少对世子继承父业有异议的人。其中的急先锋不是别人，正是侯景。在高欢生前，侯景就曾毫无忌惮地大放厥词："王在，吾不敢有异；王无，吾不能与鲜卑小儿共事。"[1]高澄一听到父亲病倒，就从邺城赶往晋阳，同时假冒父亲的名义命令侯景前往晋阳。但是侯景并没有前来。以前每次高欢在寄送给侯景的书信上，都会在其背面点上一点作为两人约定的防伪标记，而这一次侯景对高澄发来的这封后面没有标记的书信产生了怀疑。世子侍奉在高欢枕边，他脸上不安的表情没能逃过父亲的眼睛。

"我虽疾，尔面更有余忧色，何也？"[2]

高澄无言以对，只是凝视着父亲的脸。

高欢接着说道："岂非忧侯景叛邪？"[3]

高澄点头称是。

"景专制河南十四年矣，常有飞扬跋扈志，顾我能养，岂为汝驾御也。今四方未定，勿遽发哀。……少堪敌侯景者唯有慕容绍宗，我故不贵之，留以与汝，宜深加殊礼，委以经略。"[4]

高澄听从父亲遗命，秘不发丧。在高欢死后仅仅五天的正月辛亥（十三日），侯景就在河南起兵反叛。其实高欢病倒的消息很早就传入了侯景的耳中。假冒的书信到达更是证

---

[1][2][3][4] ［唐］李百药：《北齐书》卷二，中华书局1972年版。

明了高欢身边的混乱。侯景的狡黠让他并没有花费太多的时间就得出了这样的结论。

侯景突然的谋反令天下皆知，传言御史中尉崔暹是导致侯景反叛的主要原因。当初，正是高澄推荐了身为博陵[1]望族的崔暹成为御史中尉，后者与同为高澄举荐而就任尚书左丞的宋游道一起，对勋贵们的违法行为采取了严厉惩治的措施。司马子如、元羡、慕容献、高坦、可朱浑道元、孙腾、高隆之、元弼，还有侯景，他们都受到了弹劾。与现实主义的父亲不同，高澄因为年纪轻，而似乎是理想主义的信奉者。事已至此，高澄为了敦促侯景回心转意，同时阻止事件进一步影响到其他勋贵，决定斩杀崔暹。但因为有一位臣子力谏，避免了崔暹被斩。这则谏言是这样的："今四海未清，纲纪已定。若以数将在外，苟悦其心，枉杀无辜，亏废刑典，岂直上负天神，何以下安黎庶？"[2]

颍州刺史司马世云为响应侯景而举兵。之后，侯景攻打豫州、襄州、广州，并逐一使其臣服，他的势力得到了扩张。然而侯景军在攻打西兖州[3]时，却遭遇到了顽强的抵抗，二百名士兵全部成了俘虏，而且东魏出类拔萃且拥有美名的文士、西兖州刺史邢子才所作的檄文在东魏东部各州流

---

[1] 东汉质帝本初元年（146）设置博陵郡，位于今河北省定州、深州、饶阳、安国一带。
[2] ［唐］李百药：《北齐书》卷二十四，中华书局1972年版。
[3] 西兖州为北魏时所设，后改曹州，位于今山东省菏泽一带。

传，极大地鼓舞了士气，侯景向东方进军已经没有希望。究竟要如何在困境中破局呢？侯景在不安和焦虑中反复思考。经过深思熟虑，他终于做出了这样的决定：向昨日还曾作为敌人并与之战斗过的西魏以及梁归顺。做出这个决定意味着侯景对目前自身的实力很有自知之明，因此要借助西魏和梁这两股势力。令人意外的是，西魏很爽快地答应了他的请求。另一边，他派去江南的使者、行台郎中丁和也到达了建康，到达的时间是二月庚辰（十三日），比西魏下决定接纳侯景的日期晚了几天。梁武帝立即召开了宫廷会议。以尚书仆射谢举为首的重臣们异口同声地陈述着接受友好邻国东魏叛将的不利之处，但梁武帝却显然不太想听从这些意见。

"虽然，得景则塞北可清；机会难得，岂宜胶柱。"[1]

这天，结论还没得出，梁武帝便下令散会了。之后数日，移驾武德阁的梁武帝没有和任何人说话，而是喃喃自语，仿佛在劝说自己似的："我国家如金瓯，无一伤缺，今忽受景地，讵是事宜？脱致纷纭，悔之何及？"[2]此时，在梁武帝身旁静候的正是中书舍人朱异。他出身于贫穷的寒门，本来只能一辈子做刀笔吏，却因为机灵能干、才华横溢而见幸于梁武帝。数十年间，梁武帝将国内的万端事务都委任给了这个男人。梁武帝的喃喃自语应该难以逃过朱异的耳朵。梁武帝在侯景的问题上很是头疼。虽然他想要接受侯

---

[1][2]　［宋］司马光：《资治通鉴》卷一百六十，中华书局2011年版。

景的归顺,但最后的决心还未下定。在这一年的正月乙卯(十七日),还发生了下面这样一件颇为离奇的事情。这天,梁武帝对朱异说起自己在梦中见到中原牧守纷纷携其地来降:"吾为人少梦,若有梦必实。"[1]朱异心领神会道:"此乃宇内混一之兆也。"[2]据使者丁和所述,侯景决心叛乱的时间正是在正月乙卯。必须说这是不可思议的巧合。

朱异对梁武帝说道:"圣明御宇,南北归仰,正以事无机会,未达其心。今侯景分魏土之半以来,自非天诱其衷,人赞其谋,何以至此!若拒而不内,恐绝后来之望。"[3]此言一出,彻底消除了梁武帝心中的芥蒂。时值二月壬午(十五日),侯景从梁朝得到大将军、总督河南北诸军事、大行台、河南王之位。因此,梁武帝下令司州刺史羊鸦仁带着三万士兵和所需粮草前往悬瓠[4]援助侯景。但是在羊鸦仁的军队到达之前,东魏对侯景的攻击就已经开始了。侯景只得放弃悬瓠而出奔颍川,不料却在此处陷入了包围之中。他提出可以割让土地,以此作为交换条件来请求西魏派军支援,希望借此摆脱当前的危机。为了向梁武帝解释这个举动,侯景派使者来到了建康。虽然梁武帝加以斥责,但也说了下面这样安慰的话语:"如《公羊传》所言,大夫出境,有可以

---

[1][3] [宋]司马光:《资治通鉴》卷一百六十,中华书局2011年版。
[2] 此句是朱异的回答。见[宋]司马光:《资治通鉴》卷一百六十,中华书局2011年版。
[4] 悬瓠(hù),古城名,故址在今河南省汝南县。

安社稷、利国家，专之可也。卿诚心有本，何假词费！"[1]

但是，西魏的宇文泰与梁武帝不同，对首鼠两端的侯景非常厌弃。因此侯景和西魏的关系破裂了，分道扬镳。以梁为后盾的侯景，对东魏而言成为了难缠的主儿。正是在这样的境况下，侯景收到从高澄处寄来的一封劝降的书信。高澄保证侯景终身保有豫州刺史的地位，且追随他叛乱的文武官员全都不予追究，困于狱中的侯景妻儿也将立刻送还。书信是高澄用怀柔策略写就的，但侯景并未被对方的花言巧语所迷惑，他的第一心腹、行台郎王伟代为执笔回信，鲜明且坚定地表达了自己的观点和诉求：

> 为君计者，莫若割地两和，三分鼎峙，燕、卫、晋、赵足相奉禄，齐、曹、宋、鲁悉归大梁，使仆得输力南朝，北敦姻好，束帛交行，戎车不动。仆立当世之功，君卒祖祢之业，各保疆界，躬享岁时，百姓乂宁，四民安堵。[2]

回信中说，东魏、西魏、梁三国鼎立的形势维持原样，并且用春秋战国时代的列国名燕赵晋魏等来称呼各地，即河北之地尽归东魏，齐曹宋鲁等河南之地尽归于梁。侯景的意

---

[1] 《资治通鉴》原文为："大夫出境，尚有所专；况始创奇谋，将建大业，理须适事行，随方以应。卿诚心有本，何假词费！"见［宋］司马光：《资治通鉴》卷一百六十，中华书局2011年版。

[2] ［唐］姚思廉：《梁书》卷五十六，中华书局1973年版。

思是，我侯景为梁而尽力，你高澄继承父祖以来的事业，南北的友好关系继续维持，以此为结局岂不是对各方都有益？

> 复寻来书云，仆妻子悉拘司寇。以之见要，庶其可及。当是见疑偏心，未识大趣。何者？昔王陵附汉，母在不归；太上囚楚，乞羹自若。矧伊妻子，而可介意。脱谓诛之有益，欲止不能，杀之无损，徒复坑戮，家累在君，何关仆也。[1]

回信中的这一段是讲在楚汉之争最白热化的阶段，项羽抓捕了刘邦部将王陵的母亲。王陵派出使者来到项羽军营，项羽热情地请王陵的母亲坐在上座，并希望她劝说王陵投降自己。王陵之母送别使者时，在使者的身后说道："为老妾语陵，谨事汉王。汉王，长者也，无以老妾故，持二心。妾以死送使者。"[2]说罢立即自戕而死。另一方面，刘邦在广武与项羽对峙，粮道被对方断了。项羽制作了一块高高的木板，并把俘虏的刘邦的父亲刘太公放在上面，大声呼喊："今不急下，吾烹太公。"[3]刘邦反驳道："吾与项羽俱北面受命怀王，曰'约为兄弟'，吾翁即若翁，必欲烹而翁，则幸

---

[1] ［唐］姚思廉：《梁书》卷五十六，中华书局1973年版。
[2] ［汉］司马迁：《史记》卷五十六，中华书局1982年版。
[3] ［汉］司马迁：《史记》卷七，中华书局1982年版。

分我一杯羹。"[1] 由此可见，王陵也好，刘邦也好，为了"大业"一点都不介意舍弃父母的性命。那么，不及父母尊贵的我侯景的妻子儿女的生命，那就任君自由处置吧。

在高澄寄给侯景书信的同一时间，在梁国国内，流传着一封署名为"高澄"的书信，有几句的内容如下：

> 本使景阳叛，欲与图西，西人知之，故景更与图南为事。[2]

信中这几句的意思是说侯景的谋叛是伪装的，是高澄与侯景的合谋，最初是想要图谋西魏，但是被宇文泰看穿了阴谋，侯景受挫后，才重新图谋于梁。这封信里的谣言传到梁武帝的耳中时，他笑了出来，认为这不过是高澄的把戏，为的是离间梁和侯景之间的关系。

天的旨意

梁武帝在这一年的八月，放弃了与东魏长达十数年的友好关系，派出了大规模的北伐军。当然，由于侯景的归顺，梁确实获得了河南之地的支配权。梁武帝的侄子，南豫

---

[1]　[汉] 司马迁：《史记》卷七，中华书局1982年版。
[2]　[唐] 李百药：《北齐书》卷三，中华书局1972年版。

州刺史、贞阳侯萧渊明被任命为北伐军队的大都督,在和侯景取得联系后,萧渊明大军因泗水阻拦而改为从水路攻打彭城[1]。侯景听说前来救援彭城的东魏军队的大都督是高岳,而高岳一直被东魏的将军们视为庸才、蠢货,因此侯景对他不屑一顾。但当侯景得知慕容绍宗被任命为高岳的参谋后,不安的念头涌上心头:"谁教鲜卑小儿解遣绍宗来?若然,高王未死邪?"[2]

战斗之前,侯景和慕容绍宗各自召集齐自己的将士。出征仪式上,侯景告诫将士们要避免超过二里路程以上的深度追击。而慕容绍宗则命令将士们可以用佯装逃跑来诱敌深入,再从其后方进行袭击。战斗中,侯景的告诫被将士们无视了,而慕容绍宗的命令则被将士们忠实遵守着,结果可想而知。经此一役,梁军损失了数万士卒,萧渊明成了俘虏,被带去北方。侯景带着辎重数千辆,马千匹,士卒四万人,退守涡阳。慕容绍宗乘胜追击,十万东魏军队兵临涡阳城下。侯景命令敢死队突入战阵。敢死队手握短刀,对着敌人的大腿和马腿胡乱砍杀。慕容绍宗见此大惊,率军暂且撤回了谯城[3]。

第二年,即太清二年(548)春正月,休整军队后的慕容绍宗再次带领五千铁骑袭击侯景。此时,涡阳城内侯景军

---

[1] 彭城,今江苏省徐州市。
[2] [唐]李延寿:《北史》卷五十三,中华书局1974年版。
[3] 谯城,今安徽省亳州市谯城区。

队的粮食早已见底,毫无士气。在涡水岸边的慕容绍宗对城内侯景军呼喊:"汝辈家属并完,若归,官勋如旧。"[1]为了表明自己所言非虚,慕容绍宗割断自己的头发并向北斗立誓。于是城内的士兵纷纷出城投降。还未开战,胜败之势就已明朗。侯景回过神来的时候,发现身边连足够进行一次战斗的兵力都没有了。能与侯景匹敌的人才只有慕容绍宗,高欢下的这个判断没有丝毫误差。

败北的侯景开始向南逃遁,从硖石[2]渡淮水。此时,跟随他的有数名骑马的将领和在途中集结的散兵八百人。一行人进军到距离寿春数里的地方时,一个名叫刘神茂的男人出现了,他是马头的戍主[3]。刘神茂对当地的情况了如指掌。

侯景询问道:"寿阳去此不远,城池险固,欲往投之,韦黯其纳我乎?"[4]

"黯虽据城,是监州耳。王若驰至近郊,彼必出迎,因而执之,可以集事。得城之后,徐以启闻,朝廷喜王南归,必不责也。"[5]

侯景牢牢握住对方的手,高兴地跳了起来:"天教也。"[6]寿春是南豫州刺史的镇所,前任刺史萧渊明被任命为北征都督而后被俘虏至东魏,新任的鄱阳王萧范还未就任,

---

[1][4][5][6] [宋]司马光:《资治通鉴》卷一百六十一,中华书局2011年版。
[2] 硖(xiá)石,位于今安徽省淮南市境内。
[3] 马头的戍主,即马头(寿春以东)这个地方的军事长官。

因此韦黯代行州事之责。在刘神茂的引导下，一行人到达寿春城下。周围笼罩着漆黑的夜色，城门无情地牢牢紧闭着。然而出乎刘神茂预想的是，察觉到不寻常气息的韦黯在女墙处布置了武装的士兵。

"河南王战败来投此镇，愿速开门！"[1]

但是从城内到眼前紧闭的城门，一如之前冷冷的没有回音。

"既不奉敕，不敢闻命。"[2]

刘神茂鼓励一开始说话有点怯场的侯景。

"黯愞而寡智，可说下也。"[3]

与众人重新商量后，侯景从下属中挑选了与韦黯相识的徐思玉入城去进行交涉：

"河南王，朝廷所重，君所知也。今失利来投，何得不受？"[4]

"吾之受命，唯知守城；河南自败，何预吾事！"[5]

"国家付君以阃外之略，今君不肯开城门，若魏追兵来至，河南为魏所杀，君岂能独存！何颜以见朝廷？"[6]

韦黯终于在对方的劝说下点头应允，城门大开。

侯景立刻派遣使者前往建康，报告涡阳的败衄，且请求应有的惩罚。然而就如刘神茂所说的一样，正担心着侯景安危的梁武帝，哪里会对他加以惩罚，而且完全忽视了已经接

---

[1][2][3][4][5][6]　［宋］司马光：《资治通鉴》卷一百六十一，中华书局2011年版。

受任命的萧范,封侯景为南豫州刺史。朝臣们对梁武帝的这个决定惊讶万分。例如光禄大夫萧介就力谏,此刻的侯景如同境上之匹夫[1],用破坏和东魏的友好关系来换得侯景并不是一个好的决定。但梁武帝完全听不进他的意见。

侯景反叛

萧渊明在晋阳过着阶下囚的生活。一日,他被押解到高澄面前。萧渊明不知道高澄想对自己说什么,只是用眼睛直勾勾地盯着对方。高澄对萧渊明说:

> 先王与梁主和好十有余年,闻彼礼佛文,常云奉为魏主,并及先王,此甚是梁主厚意。不谓一朝失信,致此纷扰。自出师薄伐,无战不克,无城不陷,今自欲和,非是力屈。境上之事,知非梁主本心,当是侯景违命扇动耳。侯可遣使咨论,若犹存先王分义,重成通和者,吾不敢违先王之旨,侯及诸人并放还。[2]

萧渊明听罢如释重负,答应会将高澄停战和恢复邦交的

---

[1] 所谓"境上之匹夫",萧介的意思是说侯景一贯左右观望、首鼠两端,不可信任。
[2] [唐]李百药:《北齐书》卷三十三,中华书局1972年版。

想法原封不动地传达给梁武帝,并请托使者将自己写的一封书信送回南梁去,信中有这么一句:

> 勃海王弘厚长者,若更通好,当听渊明还。[1]

使者到达了建康。梁武帝想到在异国过着囚徒生活的侄子的境遇,便痛哭起来。他立刻召开了宫廷会议,在会议上他率先抛出了和平论。朱异又一次精明地察觉到了梁武帝的想法。于是列席会议的朝臣们全都盲目附和,提出异议的只有司农卿傅岐一人。傅岐大致作了以下分析:志得意满的高澄为什么甘愿吃亏受屈?而他特地来求和的理由也很奇怪,这其中显然有猫腻。他的目标正是侯景。他不是正在筹划以萧渊明的性命作为交换条件吗?他这么做就是让侯景猜忌,令侯景内心不安,最终图谋叛乱。高澄此举必定是以扰乱江南为目标的。若是应允和东魏恢复邦交,就会正中对方的计策。而且去年在彭城、今年在涡阳我们接连战败,若是坚持议和,我国的国力将进一步被削弱。

但是,傅岐无法改变梁武帝以及朱异他们的意见,换来的只是梁武帝他们的沉默和无视。

东魏的使者得到和议的非正式承诺后便回到了北方。然而在他回去的途中,竟然发生了意外。使者路过寿春时,被

---

[1] [宋]司马光:《资治通鉴》卷一百六十一,中华书局2011年版。

侯景抓住并囚禁了起来。在使者的行李中，找到了梁武帝写给萧渊明的书信。信中如此写道：

> 知高大将军礼汝不薄，省启，甚为慰怀。当别遣行人，重敦邻睦。[1]

"究竟要如何处置老夫？定是用北土来换萧渊明回来！"果不其然，侯景疑心生暗鬼。他立刻向梁武帝呈上抗议的书信。

> 高氏心怀鸩毒，怨盈北土，人愿天从，欢身殒越。子澄嗣恶，计灭待时，所以昧此一胜者，盖天荡澄心以盈凶毒耳。澄苟行合天心，腹心无疾，又何急急奉璧求和？岂不以秦兵扼其喉，胡骑迫其背，故甘辞厚币，取安大国。臣闻"一日纵敌，数世之患"，何惜高澄一竖，以弃亿兆之心！窃以北魏安强，莫过天监之始，钟离之役，匹马不归。当其强也，陛下尚伐而取之；及其弱也，反虑而和之。舍已成之功，纵垂死之虏，使其假命强梁，以遗后世，非直愚臣扼腕，实亦志士痛心。昔伍相奔吴，楚邦卒灭；陈平去项，刘氏用兴；臣虽才劣古人，心同往事。诚知高澄忌贾在翟，恶会居秦，求盟请和，冀除其患。若臣死有益，万殒无辞；唯恐千载，有

---

[1] ［宋］司马光：《资治通鉴》卷一百六十一，中华书局2011年版。

秽良史。[1]

这之后,侯景又多次向梁武帝呈上抗议的书信,反对与东魏议和。他和梁武帝之间有以下内容的书信往来:

> 臣与高氏,衅隙已深,仰凭威灵,期雪仇耻;今陛下复与高氏连和,使臣何地自处!乞申后战,宣畅皇威![2]

> 朕与公大义已定,岂有成而相纳,败而相弃乎!今高氏有使求和,朕亦更思偃武。进退之宜,国有常制,公但清静自居,无劳虑也![3]

> 臣今蓄粮聚众,秣马潜戈,指日计期,克清赵、魏,不容军出无名,故愿以陛下为主耳。今陛下弃臣遐外,南北复通,将恐微臣之身,不免高氏之手。[4]

> 朕为万乘之主,岂可失信于一物!想公深得此心,不劳复有启也。[5]

于是,建康令谢挺、散骑常侍徐陵等作为梁的使者,一行人为了和东魏缔结正式的和约,于这一年六月的一天,向

---

[1][2][3][4][5]　[宋]司马光:《资治通鉴》卷一百六十一,中华书局2011年版。

着邺城出发了。侯景想知道梁武帝真正的意图是什么，他暗遣假扮成东魏使者的间谍来到建康，并携带了伪造的文书，文书里提议用侯景交换萧渊明来作为议和的条件。间谍带着梁武帝的回信返回寿春，回信中不出意料地有这么一句："贞阳旦至，侯景夕返。"[1]

"我固知吴老公薄心肠。"[2]侯景本来赤色的脸涨得更加红了，忍不住对梁武帝口出恶言。此时在一旁坐着的王伟看着主人，用沉着却不含糊的干脆语调说道："今坐听亦死，举大事亦死，唯王图之！"[3]

毫无疑问，王伟这是劝说侯景应该起兵反叛。

从这天开始，南豫州刺史侯景便发布了一系列政令，免除州内的营业税和田租，从而获得了人心，在此基础上，他开始悄悄地招募士兵。这正应了贺琛上奏的四个问题中第一个的主旨："不堪苛捐杂税的百姓流亡于外，因而户口减少。"贺琛在奏书中还特别提到了关外地区百姓的流亡，记载了这些流民"或依于大姓，或聚于屯封"[4]。"关外"是指淮水、汝水、潼水、泗水一带，寿春无疑是包含在其中的。响应侯景招募的人当中占大多数的恐怕正是这些流民。侯景给他的将士们全部安排了女子去服侍，并提供给他们青色的袍衫和精良的兵器。最初侯景曾向朝廷索要万匹锦缎，无

---

[1][2][3]　［宋］司马光：《资治通鉴》卷一百六十一，中华书局2011年版。
[4]　［唐］姚思廉：《梁书》卷三十八，中华书局1973年版。

果，只送来了青色的布匹以代替锦缎。将士的袍衫就是用这些青布制作的。兵器也是侯景向朝廷要来的，他还特意挑选了朝廷直属的工房东冶署的锻造工打造。虽然梁朝对侯景这些即将被送还北方的残兵败将到底有没有能力牵制东魏持怀疑态度，但又不得不接受了他们一个又一个不合理的要求。

侯景更是在梁的宗室中找到左卫将军、临贺王萧正德作为内应。萧正德是梁武帝的侄子，是临川王萧宏的第三子。壮年的梁武帝没有子嗣，因此收养萧正德为螟蛉之子。因为梁武帝后来生了儿子萧统，即昭明太子。萧统成为皇太子后，萧正德的野心受挫，怨恨渐生，悄悄养了死士。侯景的密使带给萧正德的书信中有如下内容：

> 今天子年尊，奸臣乱国，以景观之，计日祸败。大王属当储贰，中被废黜，四海业业，归心大王。景虽不敏，实思自效，愿王允副苍生，鉴斯诚款！[1]

萧正德正中下怀，答应侯景自己可作内应。

寿春蠢蠢欲动的气氛已然被外部所察觉。合州刺史、鄱阳王萧范和早年间从北魏投奔而来的司州刺史羊鸦仁，多次向朝廷报告这一情况。但是朱异认为"景数百叛虏，何能

---

[1]　[宋]司马光：《资治通鉴》卷一百六十一，中华书局2011年版。

为！"[1]，并没有把这些情况传达给梁武帝。侯景充分利用了这段时间，一步步完成了准备工作，并于太清二年（548）八月戊戌（十日）举兵反叛。在举兵的檄文中，侯景要求从君主身边清除佞臣朱异以及其朋党少府卿徐驎、太子右卫率陆验、制局监周石珍等人，这一倡议受到了百姓的拥护。刚接到侯景举兵的消息时，梁武帝持和朱异同样的态度，自大地说道："是何能为！吾折箠笞之。"[2] 他许诺，斩杀侯景者将给予三千户侯及州刺史的赏赐。

台城的攻防

侯景叛军首先攻陷的是寿春西边的马头戍和东边的木栅。之后不久，侯景观察情势，听从了王伟的计策，命令自己的外弟王显贵留守寿春，自己率部直捣建康。十月庚寅（三日），侯景佯装向合肥进军，却转而攻击谯州[3]，丁未（二十日）下历阳[4]，到达长江北岸的横江。萧正德安排的数十艘大船已在此处待命。恰逢横江对岸的要地采石[5]的镇将突然更迭，传言新任镇将尚未到达。为了确认这一消息是否属实，侯景派遣侦察兵去折一根对岸的树枝。侦察兵顺利折枝而回，侯景大喜道："吾事办矣！"[6] 己酉

---

[1][2][6]　[宋] 司马光：《资治通鉴》卷一百六十一，中华书局 2011 年版。
[3]　谯州，在今安徽省蒙城县境内。
[4]　历阳，在今安徽省和县境内。
[5]　采石，即采石矶，位于今安徽省马鞍山市西南。

（二十二日），由数百匹马、八千名士兵组成的侯景军，南渡天堑长江，登陆采石。是夜，南梁朝廷内外始下戒严令。

皇太子萧纲身披戎装上殿，请求梁武帝的旨意，然而却被父亲告之："此自汝事，何更问为！内外军事，悉以付汝。"[1] 皇太子在中书省设下大本营，任命宣城王萧大器都督城内诸军事，任命羊侃为军师将军，辅助萧大器。为了固守建康城内外各要所，皇太子安排了临贺王萧正德镇守朱雀门，而此时早已允诺作侯景内应的萧正德还未露出马脚；又安排宁国公萧大伦镇守新亭，南浦侯萧推镇守东府城，西丰公萧大春镇守石头城，轻车长史谢禧和始兴太守元贞镇守白下城，太府卿韦黯以及右卫将军柳津等镇守台城诸门以及朝堂。除此之外，还修缮了台城损坏的地方，粮食和各官衙所藏的钱财都集中于德阳堂。

侯景向东进军，从采石直到长江南岸，并以迅雷不及掩耳之势于庚戌（二十三日）抵达建康城西的板桥。侯景派出的使者司马徐思玉从此处登城入京，向朝廷传达清除君王身边的佞臣朱异等人的请求。自然没人相信侯景是为了这个诉求起兵的。梁武帝特地遣中书舍人贺季、主书郭宝亮与徐思玉同行回到板桥，犒劳侯景的军队。侯景面向北方领受了敕文，再三说明自己入京"清君侧"是深思熟虑之事，同时痛骂朱异一党。

---

[1] ［宋］司马光：《资治通鉴》卷一百六十一，中华书局 2011 年版。

辛亥（二十四日）清晨，侯景军向位于台城南七里的朱雀航的南边移动。此时整个国都上下人心浮动，惴惴不安。大街小巷人潮汹涌，其中大部分人的想法是进入由坚固城墙围起来的台城。萧衍当年是从襄阳发兵而登上皇位的，曾在中兴元年（501）围南齐东昏侯于台城。数一数建康城经历过的历次战争，这次战争距中兴元年已经有将近五十年时间了。如今，在王朝创建之时和梁武帝同甘共苦的旧将们大多离世，后来提拔的武将们又在镇守各地的方镇，所以当下接受命令在建康城各个要所守卫的并非能征惯战之人。城内可以称之为武将的也就羊侃、柳津、韦黯这几个人，而且柳津年事已高，疾病缠身，韦黯又是一个能被侯景简单几句花言巧语诓骗且毫无主见的人，所以，都城保卫战的指挥重任不得不落到羊侃一人身上。

羊侃所指挥的士卒的素质也极其低劣。侯景军队攻向都城时，城内士兵涌入武器库，争夺刀剑铠甲，混乱不堪，事态失控，羊侃斩杀了数人才将场面控制住。士大夫们的软弱胆怯也超出想象。"及侯景之乱，肤脆骨柔，不堪行步，体羸气弱，不耐寒暑，坐死仓猝者，往往而然。建康令王复，性既儒雅，未尝乘骑，见马嘶歕陆梁，莫不震慑，乃谓人曰：'正是虎何故名为马乎？'"[1] 建康县令王复之名于史无征。实际上在侯景攻城之时担任建康县令的是庾信。对，就

---

[1] ［北齐］颜之推：《颜氏家训·涉务第十一》，国家图书馆出版社2021年版。

是那位以《哀江南赋》留名于后世、当时以轻艳的宫体诗而风靡一时的庾信。在《颜氏家训》的记述中，庾信确实说过类似王复这样的话，但审慎的颜之推对于知名的诗人怀有敬意，在这里用了曲笔罢了。其实正史中记载着庾信类似的行为。当时庾信连同宫中文武官员三千余人守备朱雀航之北。然而当侯景大军的身影出现在朱雀航南边时，慌乱间有人下令打开朱雀航。架在淮水之上的朱雀航，是一种由很多船并排而列、其上覆盖木板的可以开关的浮桥。据说当工兵刚看清前方带着铁面的敌军时，庾信身旁的柱子上已被射满了箭矢，而他则仓皇逃走了。

总而言之，朱雀航被攻破对此后的战局有着巨大的影响。侯景大军渡过秦淮河后进入建康城区，在张侯桥接受萧正德的欢迎。萧正德军队的士兵一齐将绛色的袍衫翻过来穿，其背面已经染成碧色，和侯景军队的青色袍衫巧妙地融为一体。西边的石头城、北边的白下城此后被侯景军逐个攻破。在壬子（二十五日）清晨，侯景大军黑色的旗帜已经插满了台城的四周。这天，一支箭从城外射进了城内，箭上捆绑着一封书信：

> 朱异等蔑弄朝权，轻作威福，臣为所陷，欲加屠戮。陛下若诛朱异等，臣则敛辔北归。[1]

---

[1] ［宋］司马光：《资治通鉴》卷一百六十一，中华书局2011年版。

梁武帝对皇太子说，自己不知道朱异是否做了书信中所说的这样的事情，如果是事实的话，他确实想要斩杀朱异。然而皇太子对梁武帝说道：

> 贼以异等为名耳；今日杀之，无救于急，适足贻笑将来，侯贼平诛之未晚。[1]

侯景见城内没有回音，于是开始进攻台城。从南边正门大司马门开始，到东边的东华门、西边的西华门，皆火光冲天。城内军队在门上凿孔灌入冷水扑灭了大火，攻防战暂告一段落。没过多久，南面东端的南掖门被侯景军的长柄斧子凿破了，守卫军从孔穴中突刺出长槊，新一轮的防卫战开始了。紧邻台城的东宫全部被侯景的部将宋子仙占据，从那里飞向台城的箭如暴雨一般密集落下。是夜，一天的战斗刚结束，侯景就和部将们一起在东宫置酒宴饮。东宫熊熊燃烧的火焰在台城也能望见，想象着自己的居所被占据，粗野的侯景军将士把这里弄得杯盘狼藉的模样，皇太子心如刀绞。他派遣了一男子悄悄潜入东宫，令其在里面放火。如劫火一样的大火瞬间就吞噬了全部宫殿。此时侯景也没闲着，他也在思考着自己下一个放火的地方在哪里，是系着御马的乘黄厩？还是作为学馆的士林馆？或者是太府寺？于是这些地方

---

[1] ［宋］司马光：《资治通鉴》卷一百六十一，中华书局2011年版。

一个个先后被点燃，均烧毁殆尽。

火的飨宴通宵达旦，比前一天更加激烈的攻防战再次开始。侯景军向着高度有十余丈的登城楼依次放出巨大的木驴，其内潜藏着士兵，其外包裹着牛皮。木驴以登城楼为目标投掷飞石、火把。请求斩杀朱异的书札一经射入城中，立即有书札射回，上面写着斩杀侯景者可赏赐钱一亿万、布及绢一万匹。朱异不顾羊侃的反对，将士兵千余人派出城外迎敌。出城后的士兵还未交锋便乱作一团，四散遁走。由于众人挤在狭窄的桥上，推搡之间一个个都从桥上坠落到河渠之中。侯景军的死伤者也不可胜数，为了减少伤亡，侯景放缓了进攻力度。

转眼到了十一月朔日，位于台城南阙的仪贤堂中，侯景宰杀白马，祭祀战神蚩尤，而后又举行了萧正德的即位仪式。萧正德改元"正平"，立世子萧见理为皇太子；侯景自封相国、天柱将军，并迎娶萧正德之女。若除去台城，此时的建康仅有一处还未陷落的地方，那就是东府城。侯景率两千士兵进攻此处。南浦侯萧推在这里的拼死抵抗也仅仅是坚持了三日而已。累累相连的三千具尸体在南掖门外的杜姥宅（据说是东晋成帝杜皇后的母亲裴氏的故宅）前被堆积起来，从台城里便可望见。侯景派人指着尸堆对城内喊话："看吧，这就是你们明天的下场。"接着又喊，"你们难道不知道今上早已晏驾了吗？"这么一喊，城内的人内心有了明显的动摇。皇太子为了表示皇帝圣体无恙，请求梁武帝在城内各个地方巡幸，终于稳住了民众动摇的情绪。

侯景现在准备尽全力对台城发起攻击。他用鞭子驱使仍居住在建康城中心的数万居民修筑土山，土山的高度要达到站在上面可以望见台城内部。为了对付这个土山，皇太子带头担着畚箕，在城内也筑起了土山，土山之上建起了用锦帛装饰的、有四丈高的芙蓉层楼，被称为"僧腾客"的敢死士身着铠甲驻守在土山之上。

侯景实施一个又一个进攻策略，但以一知万，这些行动全部都无功而返，侯景军渐渐显出焦急之色。石头仓和常平仓所贮藏的粮食也渐渐不足，因此士卒们见到富户豪宅便闯入其中，他们的行为如同强盗，抢掠粮食、金帛，甚至女性。再加上他们的军纪松散，在战斗中丢掉性命的人数也不少，如果此时各地方方镇的援军再赶到的话，形势将如何变化呢？无法预料！伴随着攻坚战变成持久战，双方的唇枪舌剑反而变得白热化起来。比如面对朱异对着城外叛军大讲顺逆的道理，侯景的应答如下：

> 梁自近岁以来，权幸用事，割剥齐民，以供嗜欲。如曰不然，公等试观：今日国家池苑，王公第宅，僧尼寺塔；及在位庶僚，姬姜百室，仆从数千，不耕不织，锦衣玉食；不夺百姓，从何得之！仆所以趋赴阙庭，指诛权佞，非倾社稷。今城中指望四方入援，吾观王侯、诸将，志在全身，谁能竭力致死，与吾争胜负哉！长江

天险，二曹所叹，吾一苇航之，日明气净。自非天人允协，何能如是！[1]

侯景宣称要解放已成为南人奴隶的北方人。朱异的一个奴仆从城内逃出来后，被侯景授予仪同三司[2]之位，并且还将朱异的全部财产赐予他。侯景命令朱异的这个奴仆乘坐骏马，身着锦袍，向城内的朱异叫嚣："汝五十年仕宦，方得中领军；我始事侯王，已为仪同矣！"[3]这一招果然很绝，跟随主人进入皇城内的奴仆们一个接一个地出城投降，据说仅三日就达数千人之多。当然，侯景军中也有朝廷派出的间谍潜伏，每过一段时间，就将侯景身边各种势力之间的关系向朝廷通报，且暗杀侯景的计划正在酝酿中。梁武帝和朱异对暗杀计划很重视，但筹备的过程太过顺利，反而引起了皇太子的疑心，他警告相关人员在行事过程中要万分谨慎，计划一旦败露，所有关联之人将一同被处以极刑。

伪约既成

以梁武帝为首的退守台城的人们，翘首以盼的便是地方

---

[1] ［宋］司马光：《资治通鉴》卷一百六十一，中华书局2011年版。
[2] 仪同三司，官名，也简称"仪同"，始于东汉，南北朝时使用较为广泛，意指非三公（太尉、司徒、司空）而给予与三公同等的待遇。
[3] ［宋］司马光：《资治通鉴》卷一百六十一，中华书局2011年版。

方镇军队的及时驰援。第一波援军是梁武帝的第六子、邵陵王萧纶带领的三万军队,他们由水路从钟离[1]向着京口(今江苏省镇江市)行军,到达京口后因无法渡过长江而取道陆路。兵贵神速,萧纶援军的身影突然出现在了建康城的东北、蒋山[2]的山脚下。侯景军此时正准备用停泊在石头津的小舟装载掠夺而来的妇女和珍宝跑路,模样狼狈至极。但是上天并不站在萧纶这一方,援军看似占了上风,但蒋山上纷飞的大雪,令他们无法调整阵形,军队不得不向山麓移动。侯景军瞅准时机对援军一击致命,虏获了萧纶所有的辎重,生擒士卒上千人。这些士卒大部分都是在撤退途中因为冻伤而失去行走能力的。此事发生在十一月乙酉(二十八日)。

时间进入十二月,从长江上游过来的大约十万人的援军到达了。这是一支杂牌军,司州刺史柳仲礼为大都督,包括合州刺史萧范的世子萧嗣、衡州刺史韦粲、西豫州刺史裴之高、前司州刺史羊鸦仁、南陵太守陈文彻、宣猛将军李孝钦所带领的军队。之后又聚拢了萧纶军队的散卒,再加上荆州刺史萧绎的世子萧方等率领的一万步骑,以及竟陵太守王僧辩的一万舟师。恰好在这个时候,城内的羊侃去世,紧接着朱异也死了。这正是侯景军重新发起猛攻的时刻。《平家物

---

[1] 钟离,位于今安徽省凤阳县东北。
[2] 蒋山,即今江苏省南京市玄武区东郊的紫金山。

语》[1]的开头这样叙述道：考察中国的史例，像秦代的赵高、汉代的王莽、南梁的朱异、唐代的安禄山，这些人都是因为背叛或违逆了旧主先皇，穷奢极欲，又不听贤良之人的规劝，对天下兵革将起没有一点警觉，同时也不知体恤民间疾苦，于是招致了王朝的迅速灭亡。这段话中提到了朱异，可见他在当时具有很大的影响力。因为相继失去朱异和实际战争总指挥羊侃，台城内人心的动摇显而易见，而侯景抓住了这一契机。飞楼橦车、登城车、登堞车、阶道车、火车、蛤蟆车等被冠以新奇名字的兵器一个接一个登场，侯景军还从玄武湖引水而出，灌注台城。援军到达之时，秦淮河南岸曾经鳞次栉比的民居、官衙、寺院全都被烧毁殆尽，即将开始的大战一触即发。

第二年即太清三年（549）正月丁巳，正是万象更新的元旦，大都督柳仲礼在朱雀航布阵，援军在秦淮河南岸移动。但是从台城到朱雀航还有七里，用今日的计量单位大约是三公里的路程，这个区域全是侯景控制的地方。因此台城和援军不容易取得联络。一天，皇太子在太极殿前利用西北风将周身写满敕文的纸鸱[2]放飞。虽然纸鸱上大书"得鸱送援军，赏银千两"，但侯景军中的士兵看到这个在空中飘荡的奇怪物体后，将其击落了。在援军内部，正在物色能混入

---

[1] 《平家物语》，成书于13世纪初的日本长篇小说，相传作者为信浓前司行长。
[2] 纸鸱（chī），即纸鸢。

侯景军中并可以躲过监视能够与台城取得联络的密使，萧嗣的使臣李朗毛遂自荐。李朗接受鞭打，遍体鳞伤，投奔到侯景营中，以身上的伤口示人，说自己是由于受不了屈辱才来投降的。数日后，李朗在取得对方完全信任后，在他们的眼皮子底下偷偷潜入台城。城内众人这才知道期盼良久的救援大军已经到达，他们脸上的愁容一扫而空。再次从台城脱身出来的李朗沿着蒋山连绵的山脉，昼伏夜出，好不容易才回到了援军的大本营。获得确切情报的援军终于开始行动了。但是现实却很无奈，混合多股势力的援军从一开始就埋下了分歧的隐患，他们的步调总是混乱的，而且到了目前最关键的时刻，将领之间的抵牾对立已经变得表面化。其中，大都督柳仲礼因其大都督之位凌驾于众人之上而尤为倨傲。就算萧纶来到柳仲礼的军营想商议军情，后者也往往避而不见。这样的将军所率领的士兵，比起和侯景军战斗，他们对掠夺反而更有热情。他们劫掠百姓，比侯景军有过之而无不及。援军到达之初，建康的百姓还表示了欢迎，不久后喜悦就变成了巨大的失望。

时间在无情地流逝，已经过了百日，困守台城的生活着实惨不忍睹。因为预先在德阳堂贮藏了四十万斛米，仅此还有余裕，肉、蔬菜、盐不久就变得很稀缺了。德阳堂虽然存留下大量的钱帛，但由于与外界完全隔绝，无法实现流通和交换，已经失去了它们应有的价值。比如肉，都只能摆在皇太子的饮食里作为点缀。由于城内找不到肉，士卒们将目光转到老鼠和小鸟身上。老鼠、小鸟很快就被吃光了，甚至铠甲、锅釜都难逃被煮食的命运。具有讽刺意味的是，一直食用蔬食、慈悲为怀且为之骄傲的梁武帝，这时也不得不开始吃鸡蛋了。比起鸡蛋，蔬菜的获得变得更加困难。作为蔬菜的替代物，天子的甘露厨残存的海苔，作为特别的香辛料分发给了士卒们。有史书注者如此批注："释氏（佛家）谓营膳之所曰甘露厨。"[1]此外，中书省的衙门被拆了拿来当柴烧，用草席替代干草来喂养马匹，草席被吃完则用米来喂。侯景还令人在台城饮水的水源里投毒，导致城内的很多人全身出现了青色的浮肿，而腹部胀如西瓜的尸体也找不到地方埋葬，只能堆叠在城内各处。"臭气熏数里，烂汁满沟洫。"[2]这是史书上记录下来的惨状。其中也有人因为食用了混入了人肉的马肉，导致恶心不已、剧烈呕吐。梁武帝一直梦想着佛国土在这个世界上实现，但他的世界如今却变成了饿鬼的巢穴。台城原先有男女十余万人，一开始的守城将士也有三万人，但现在能拿得动武器的人合起来不过两三千人。

话分两头，城外的侯景军也苦于粮草严重不足。由于援军占领了秦淮河南岸，侯景军的补给路径被掐断，他们与作为兵粮储存地的东府城无法取得联络。而湘东王萧绎所率领

---

[1] ［宋］司马光：《资治通鉴》卷一百六十一，中华书局2011年版。此处为胡三省的注释。
[2] ［唐］李延寿：《南史》卷八十，中华书局1975年版。

第一章 南风不竞——侯景之乱始末记

的精锐荆州军并没有从大本营江陵出发。就在侯景逐渐变得焦躁不安的时候，部下刘邈进言道："大军顿兵已久，攻城不拔，今众军云集，未易可破。如闻军粮不支一月，运漕路绝，野无所掠，婴儿掌上，信在于今。未若乞和，全师而反。"[1]

侯景与以王伟为首的心腹们反复商议，采纳了刘邈的进言，但对乞和的内容进行了偷梁换柱。他们策略是，一旦和城内缔结表面上的和议，侯景就将兵粮从东府城运到石头城。他立刻派遣任约和于子悦二人前往台城，传达了为了和平愿意退回河南的意向。皇太子向父亲报告此事之时，梁武帝出言斥责："吾有死而已，宁有是议。且贼凶逆多诈，此言云何可信。"[2]

但是对城内的困境深有感触的皇太子，没有勇气拒绝这仿佛天上掉下来的和议书："侯景围逼，既无勤王之师，今欲许和，更思后计。"[3]

梁武帝道："和不如死。"[4]

皇太子道："城下之盟，乃是深耻；白刃交前，流矢不顾。"[5]

父子之间持续时间不长的几句问答后，便陷入沉重而长久的沉默中。过了一会儿，梁武帝小声自语道："尔自图之，无令取笑千载。"[6]

作为和议的条件，侯景要求梁朝割让江西四州，即南豫

---

[1][2][3][4][5][6] ［唐］李延寿：《南史》卷八十，中华书局 1975 年版。

州、西豫州、合州、光州，同时要求作为皇太孙的宣城王萧大器与任约、于子悦作交换，刚直的傅岐以"宣城王嫡嗣之重，有轻言者请剑斩之"[1]为由，强烈反对，于是最后决定以宣城王之弟、石城公萧大款替代萧大器入侯景营中为质。

二月己亥（十三日），双方在西华门外设置祭坛，朝廷一方代表尚书仆射王克等三人，侯景一方代于子悦、任约、王伟等三人，共同登坛。从西华门出来的太子詹事柳津和从栅门出来的侯景遥遥相望，各自将刀插入牺牲之中，啜饮鲜血，和约的仪式如期完成。但缔结和约之后，侯景军并没有表现出丝毫解除包围的迹象，这是意料之中的。每当气恼却无奈的朝廷催促侯景军撤退，侯景一方便以诸如船只的准备工作还没完成、朝廷没有派遣宣城王作为人质很令人为难等借口推脱，以及设置各种难题无理取闹。侯景还让新到达马印洲的己方三万援军往秦淮河南岸移动。如此一来，朝廷的援军就无法从北面的白下来攻，侯景除去了将来可能出现的一大威胁。侯景要求将朝廷援军中的永安侯萧确和直阁将军赵威方召还台城，理由是：两人越过栅栏对侯景出言辱骂。一日，侯景写给城内的信中提出了这样要求："西岸信至，高澄已得寿春、钟离，便无处安足，权借广陵、谯州，须征得寿春、钟离，即以奉还朝廷。"[2]

侯景外弟王显贵留守的寿春被东魏攻破之事，的确是事

---

[1][2]　[唐]李延寿：《南史》卷八十，中华书局1975年版。

实。皇太子对侯景这些花样百出的要求全盘接受。但是对于侯景来说，提这些要求只是缓兵之计，无论朝廷是被迫接受还是不接受，自己都无所谓。在争取到的这段时间里，侯景军对兵器铠甲进行了修补，将士们也得到了充足的休养，还将能够支撑一年时间的军粮从石头城运了过来。而且朝廷援军中兵力最为侯景所忌惮的湘东王萧绎，一听到达成和议，就匆匆忙忙撤回了江陵。"王以人臣举兵背叛，围守宫阙，已盈十旬。逼辱妃主，陵秽宗庙，今日持此，何处容身？愿且观变。"[1]虽然觉得王伟的劝说似乎有一点道理，但侯景连从建康撤退的一丁点儿想法都没有。最终，侯景告知朝廷和议废弃。对台城新一轮的进攻发起之时，侯景一条条地列出了关于梁武帝的十条罪状。"君侧佞臣"的朱异已经亡故，侯景现在要攻击的目标，除了梁武帝外没有别人。

台城陷落

　　三月丙辰朔日，城内太极殿前设置祭坛，朝廷向天地神祇告知侯景的违约。然而此刻的援军大都督柳仲礼，依旧令妓妾侍奉左右，设宴饮酒，通宵达旦，没有对军队下达任何命令。有一部分援军试图向东府城以北进军，但不料驻地大本营却遭到侯景军的突然袭击，转眼间便损失了数千士兵。

---

[1]　[唐]李延寿：《南史》卷八十，中华书局1975年版。

侯景将这些尸体堆叠在台城下以炫耀自己的战斗成果。最终的结果是，丁卯（十二日）拂晓，台城西北楼的一角最终崩塌，侯景军如怒涛般涌入城中。永安侯萧确气喘吁吁地向文德殿跑去，将这些情况逐一禀告。

此时梁武帝仍卧在床上，听萧确说完，坐起身来小声地问道："犹可一战乎？"[1]

"不可。"[2]

老迈的帝王只有叹息，目光呆滞地轻轻说道："自我得之，自我失之，亦复何恨！"[3]

梁武帝刚说完，门被粗鲁地推开了，王伟冲了进来。梁武帝命人打开侧边的帘幕，起身端坐，想听听侯景通过王伟带来了什么话。

"臣既与高氏有隙，所以归投，每启不蒙为奏，所以入朝。而奸佞惧诛，深见推拒，连兵多日，罪合万诛。"[4]

梁武帝询问道："景何在？可召来。"[5]

侯景以五百士兵护卫在自己四周，快速来到太极殿东堂。这是梁武帝和侯景两人的第一次会面，虽然在此之前两人有着频繁的书信来往，在台城内外又经过历时五个月的抵死缠斗。侯景在阶前行了标准的拜礼之后，循着典礼时用的甬道来到三公的座位入座。

---

[1][2][3][5]　〔宋〕司马光：《资治通鉴》卷一百六十二，中华书局2011年版。
[4]　〔唐〕李延寿：《南史》卷八十，中华书局1975年版。

梁武帝尽量用平静的语气和侯景寒暄："卿在军中日久，无乃为劳！"[1]

对方沉默不语，没有回应。

"卿何州人，而敢至此，妻子犹在北邪？"[2]

依然没有回应。

此时的侯景，不敢正视对方的脸孔，额头上汗流如注。侯景身侧的任约忍不住插嘴，代侯景一一作答。梁武帝继续追问侯景，不得已，侯景只好开口回答。

"初渡江有几人？"[3]

"千人。"[4]

"围台城几人？"[5]

"十万。"[6]

"今有几人？"[7]

"率土之内，莫非己有。"[8]

梁武帝颓丧无力地低下了头。

关于战后处理的各种指令从侯景大本营西州城接连不断地发出。王伟驻扎在武德殿，于子悦驻扎在太极殿东堂，取代梁武帝和皇太子的侍卫；王侯朝臣们全部被集中在永福省[9]。天子的服玩以及后宫的妓妾们被转移到西州城。侯景

---

[1][2][3][4][5][6][7][8] ［宋］司马光：《资治通鉴》卷一百六十二，中华书局2011年版。

[9] 永福省，梁官署名，又称西省，设于梁宫禁之内。

差遣石城公萧大款去解散朝廷援军,又昭告已经继承帝位的萧正德退位。数日后,梁武帝斥责前来拜谒、满眼泪水的萧正德,前者引用了《诗经》中的一句话:"啜其泣矣,何嗟及矣!"[1](即使你哭得再厉害,局势也早已不能挽回了!)

对侯景而言,只有一个能令他心生畏惧的人,毫无疑问,这个人正是梁武帝。用武力使对手屈服,虽然"缚取萧衍老公"他说到做到,但对他这种粗野的武人而言,梁武帝必然是令人感到胆怯的存在。他那次拜谒梁武帝从头到尾都是处于下风的。那一日,侯景离开太极殿东堂后便和左右说:"吾常跨鞍对陈,矢刃交下,而意气安缓,了无怖心;今见萧公,使人自慑,岂非天威难犯!吾不可以再见之。"[2]那日以后,可以说是梁武帝一方掌握了主动权,以前有求必应的态度不复再见,他现在对侯景的要求全部反对。侯景请求梁武帝下敕文任命宋子仙为司空,梁武帝则说:"调和阴阳,安用此物?"断然拒绝。侯景想安排自己手下的两个人作为御座所在之处的便殿主帅,梁武帝也坚决拒绝了。

侯景只能通过威胁皇太子来操控梁武帝。梁武帝一边流着泪一边训斥来帮侯景说话的太子:"谁令汝来!若社稷有灵,犹当克复;如其不然,何事流涕!"[3]有时候,梁武帝会指着在殿省之间来回走动的侯景的士兵问道:"是何物人?""侯丞相甲士。""何物丞相?""是侯丞相。""是侯景,

---

[1][2][3] 〔宋〕司马光:《资治通鉴》卷一百六十二,中华书局2011年版。

何谓丞相!"[1]这样的对话传入了侯景的耳中。他和梁武帝彻底撕破了脸,他限制梁武帝的饮食供应,而后者也即将油尽灯枯。

侯景死于海上

五月丙辰(二日),台城陷落已经过去了两个月,梁武帝长达八十六年的人生正式走到了终点。梁武帝驾崩的翌日,在侯景卫兵包围下的朝堂之上,皇太子萧纲的即位仪式草草了事。仪式确立萧纲为新天子,即简文帝,他的女儿溧阳公主下嫁侯景。据说这位梁武帝的孙女很受侯景的溺爱。可能直到这个时候,侯景才开始意识到自己完全战胜梁武帝的梦想终于实现了。

一日,侯景在自己居住的西州城为迎接简文帝而设宴。简文帝坐于中央,在他的左右,侯景和仪同陈庆、索超世三人西向而坐,溧阳公主和她的母妃范淑妃东向而坐。宴会开始,丝竹管弦声起时,简文帝潸然泪下。"陛下何不乐?"侯景问道。简文帝带着勉强的笑容回答道:"丞相言索超世闻此以为何声?""臣且不知,岂独超世。"简文帝面向侯景命其

---

[1] 这一段对话作者杂糅了《梁书》和《资治通鉴》两书的内容。见〔唐〕姚思廉:《梁书》卷五十六,中华书局1973年版;〔宋〕司马光:《资治通鉴》卷一百六十二,中华书局2011年版。

起舞，自己则抚琴而歌。简文帝催促范淑妃也起舞，但淑妃并没有起舞。侯景一节舞完，在他极力劝说下，简文帝也跳起了舞。舞毕回到座席，诸人满上酒杯，不一会儿，满座杯盘狼藉。突然，简文帝想到了什么，紧紧抱住侯景："我念丞相。"[1]说着，简文帝呜呜地放声哭泣。"陛下如不念臣，臣何至此。"[2]侯景这样回答。简文帝又道："试诵经，我为公讲。"[3]他抓住已经有些不耐烦的侯景不放手。侯景问了索超世最短的佛经是什么。得到回答后，侯景诵念道："尔时无尽意菩萨，即从座起……"[4]这是《法华经》普门品，即《观音经》。简文帝听着听着，似乎很愉快且兴奋地大笑起来。

这种借着酒劲儿发作的狂态，不过是简文帝能获得的短暂自由，毫无疑问，他每天的生活都处在严密的监视下。仅有软弱的尚书仆射王克、舍人殷不害，以及宗室武林侯萧谘被允许进入内廷。这是因为南康王萧会理趁着侯景不在、企图控制建康的阴谋被发觉了，于是警戒变得森严起来。王克逐渐疏远了简文帝，而萧谘在建康街上被刺客杀死了。在这段时间，侯景给自己加上了一个接一个的头衔，进位为相国、汉王。那时，所谓的"宇宙大将军""都督六合诸军事"

---

[1][2]　[唐]李延寿：《南史》卷八十，中华书局1975年版。
[3]　《南史》作"我为公讲"。见[唐]李延寿：《南史》卷八十，中华书局1975年版。
[4]　《南史》作"尔时无尽意菩萨"。见[唐]李延寿：《南史》卷八十，中华书局1975年版。

是闻所未闻的将军称号，为世人所笑。若从侯景的命令能起作用的范围而言，以建康为中心，东南至多到达钱塘江一带，而宇宙，则意味着天地四方的六合，因此这种浮夸的形容词令人捧腹。其他地方，各方镇的藩王对侯景的命令坚决抵制，而由地方豪强统领的乡兵对侯景军的侵略也采取抵御的态度。然而藩王们只愿意维系各自分封的区域内的安宁，各方势力拧成一股绳的可能性几乎没有。其中实力最强的是梁武帝的第七子，也就是简文帝之弟，荆州刺史、湘东王萧绎。当初在台城攻防战的关键时刻，身在江陵王府中的萧绎不顾朝廷的再三请求，对派遣援军毫不上心，即使他曾一度行军至郢州，但听到伪约签订后，立即撤军了，因此他所率领的荆州军毫发无损。之后，从都城奔逃到江陵的朝臣络绎不绝，萧绎作为能打败侯景的先锋的自信和自觉加强了。他果断拒绝使用简文帝"大宝"的年号，在梁武帝死后依然继续使用"太清"的年号。他又祭祀了梁武帝的木像，据说在木像前一五一十地报告了自己的所有行动。

大宝二年（根据萧绎所使用的年号，则是太清五年，551）的夏五月，侯景军和王僧辩率领的荆州军在长江上的巴陵[1]激烈交战。虽然侯景亲自在阵前指挥，但遭受攻击的侯景军溃不成军，大败而归。王僧辩从萧绎处接到命令，在

---

[1] 巴陵，今湖南省岳阳市。

寻阳[1]等待诸军集结，准备势在必行的东征。

逃回建康的侯景被强烈的焦躁念头所困扰，他最开始的预想是等平定江南后开始篡夺皇位，但是这个终极行动不得不提早了。八月戊午（十七日），在毫无征兆的情况下侯景告知简文帝被废，并把他幽禁在永福省。随后侯景带着天子车驾强行带走了豫章王萧栋，并安排他登基。萧栋是昭明太子，也就是梁武帝的长子、夭折的皇太子萧统的孙子。其实别说萧栋，即使简文帝在位时也都得不到任何实权，毕竟后者可是继承梁朝正统的天子。隐藏在暗处的侯景，一直以来都能随意操纵傀儡，现在他要亲手除掉自己隐形的伪装。然而他没有从简文帝手中直接接过皇位，"自古移鼎，必须废立"[2]，他听从了王伟的进言，在简文帝被废的三个月后，十一月己丑（十九日），不出意料地又宣告萧栋废位。这一日，侯景依惯例在都城南郊举行了即位仪式，之后驾临太极前殿，宣告定国号为"汉"，改元"太始"。之后王伟请立七庙，新天子侯景惊讶地盯着对方的脸，有些茫然。"天子祭七世祖考，故置七庙，并请七世之讳。""前世吾不复忆，惟阿爷名标。"[3]因为部下中有人知道侯景的祖父之名为乙羽周，因此追尊侯景的父亲侯标为元皇帝、祖父乙羽周为大丞相，除此之外还将汉代的侯霸作为始祖，将晋代征士[4]侯瑾作为七世祖，这

---

[1] 寻阳，今湖北省黄梅县。
[2][3] ［唐］姚思廉：《梁书》卷五十六，中华书局1973年版。
[4] 征士，古代指学养很高，但并不出仕的隐士。

些全部都是捏造出来以迎合七庙形式的。侯景的新王朝从创立之始就是一个根基非常不牢靠的玩意儿。

第二年，即侯景的太始二年（萧绎的太清六年，552）二月，王僧辩的东征军从寻阳出发沿着长江而下。途中，在白茅湾[1]，陈霸先的三万甲士、两千舟舰加入东征军，东征军势力得以壮大。陈霸先早年在岭南以勇名传世，之后打着征讨侯景的旗号，经由赣水北上，在豫章逗留了一段时间，现在终于与王僧辩会师了。因那年的台城攻防战中，朝廷援军在秦淮河南岸登陆失败，这次东征军并不想重蹈覆辙，于是选择在秦淮河北岸登陆。因此，在西州城布下战阵的侯景无法防御，决定放弃建康。"自古岂有叛天子！今宫中卫士，尚足一战，宁可便走，弃此欲何所之。"[2]王伟谏言道。侯景回答道："我在北打贺拔胜，破葛荣，扬名河、朔，与高王一种人。今来南渡大江，取台城如反掌，打邵陵王于北山，破柳仲礼于南岸，皆乃所亲见。今日之事，恐是天亡。乃好守城，我当复一决耳。"[3]

侯景在皮囊里装入他的两个孩子，捆绑在马鞍上，带着百余骑兵向东逃去。虽然侯景打算先从晋陵去到吴地，再向南逃亡会稽，但是他被当时担任东道行台的赵伯超在钱塘拦住了去路，只能再次北上到达松江。把两个孩子的手脚绑

---

[1] 白茅湾位于今江西省九江市东北。
[2][3] ［唐］姚思廉：《梁书》卷五十六，中华书局1973年版。

住投入水中之后,侯景和部下数十人一起划船入海,朝着山东的蒙山进发,侯景想要在此处东山再起。但是同船的羊鹍等部下,趁着侯景假寐,威逼船家掉头,向着京口前进。羊鹍是在台城攻防战中活跃的将领羊侃之子,其妹被侯景迎娶为小妾,因为这层关系,羊鹍被任命为库直都督。不久,侯景从睡梦中醒来,还没来得及确认船的位置,羊鹍说道:"吾等为王效力多矣,今至于此,终无所成,欲就乞头以取富贵。"[1]侯景来不及反应,只见刀光一闪。时值四月乙卯(十八日),这个生于朔北的蛮夷在江南的海上结束了他颇多争议的一生。

　　侯景的尸体被带到建康,尸体里塞满了盐,王僧辩摘掉其首和腕暴晒于街市,没过多久尸体便没了踪迹。原来尸体都被跟侯景有仇怨的人们吃掉了,据说其中也有溧阳公主的身影。尸体的头被送到江陵的萧绎处,两只手腕被献给了北齐主高洋。几年前,高澄已被暗杀,他的弟弟高洋篡夺了东魏政权,创立了北齐一朝。侯景的部将们或向东征军投降,或被抓捕。王伟也被押送到江陵。这个男人据说是侯景军中仅有的一位士人,他在狱中曾赠予身居高位之人一首这样的诗作:

赵壹能为赋,

---

[1] 〔宋〕司马光:《资治通鉴》卷一百六十四,中华书局 2011 年版。

邹阳解献书。

何惜西江水，

不救辙中鱼。[1]

东汉的赵壹因为友人的帮助而成功脱罪，在《穷鸟赋》中寄予了自己的情感。西汉的邹阳在狱中的上书为梁孝王所认同而被奉为梁王的客卿。然而他们吝啬滔滔不绝的西江水，连道路上水坑中的一条鱼都不肯救。后半部分的两句基于《庄子》外物篇而来的。王伟将长达五百字的长篇诗作赠予萧绎。萧绎大为触动，想要宽恕王伟的罪责，然而此时有人禀告："前日伟作檄文甚佳。"[2] 找来檄文后发现文中有这样的句子："项羽重瞳，尚有乌江之败；湘东一目，宁为赤县所归！"[3] 萧绎看后十分生气，立即对王伟处以极刑。跛足的侯景最终败给了独眼的湘东王萧绎。后者因幼时曾患眼疾，只剩一眼可以视物。

余 论

侯景之乱如疾风一般摧枯拉朽，江南的贵族社会很快陷入衰败的状态，失掉了恢复的能力，自此一蹶不振。对处于

---

[1]　［唐］李延寿：《南史》卷八十，中华书局 1975 年版。
[2][3]　［宋］司马光：《资治通鉴》卷一百六十四，中华书局 2011 年版。

社会统治阶层的贵族们而言，会有末世浇季的自觉吧，留给他们的仅仅是过去荣光的幻影。而且，作为贵族社会象征的国都建康把自己衰败的样子完全暴露了出来。颜之推的《观我生赋》中写道："畴百家之或在，覆五宗而剪焉。"此处自注："中原冠带随晋渡江者百家，故江东有百谱，至是在都者覆灭略尽"[1]。百济[2]派遣的使者来访侯景统治下的建康，看到满城荒芜而泪流不止，据说这招致了侯景的愤怒。因为都城和农村的关系是无法切断的，可能会变成这样："京都的习惯，不管做什么事情，都依靠乡下的，没有从乡下运上来的东西，京都人都无法保持体面。"[3]侯景太始二年（552）的十一月，由于完成征讨侯景的萧绎即位，梁朝瞬间重生。萧绎即梁元帝，他没有回建康的打算，而是定都江陵，这未必是毫无理由的。

萧绎定都江陵，有一个具有决定性的理由。因为梁必须要在前线阻止沿着汉水南下的西魏势力。但是尽管如此，在本书后面章节将会详细说到的是，554 年的十二月，江陵政权无法抵御西魏军的攻击而瓦解，这之后被称为后梁的王朝建立起来，这个王朝完全是傀儡政权。而且与梁朝对抗的北齐也把长期滞留于北地的萧渊明送回了江南，想要将其作为

---

[1]　[唐]李百药：《北齐书》卷四十五，中华书局 1972 年版。
[2]　百济，位于朝鲜半岛上朝鲜三国时代（4—7 世纪）的政权之一。
[3]　作者引文来自日本镰仓时代鸭长明所著的《方丈记》。《方丈记》与《徒然草》《枕草子》并列为日本古典三大随笔。

傀儡，王僧辩同意接受萧渊明，但陈霸先反对，两人发生了争执，最后获得胜利的陈霸先建立了由江南人掌握的陈王朝，北齐的企图化为泡影。北周是在吸收西魏发展成果的基础上建立的，没有在江南建立据点的北齐和在江南建立据点的西魏最终都被北周合并。接替北周的隋，在589年推翻了陈朝，成功统一了天下。翻翻手边的年表就能明白这个过程。3世纪以来的中国一直处于国家分裂的时代，以这种"北风压倒南风"的形式而终结，而"北风"对于"南风"的优势，早在589年之前就已经很明显了。决定这样的历史潮流的正是侯景之乱。若说起"北风"，全部都发源于朔北的六镇。侯景以及东魏—北齐高氏正是怀朔镇出身。西魏—北周、隋一直至唐的统治者也都是武川镇出身。清代赵翼在《廿二史劄记》中就这样指出过："周隋唐皆出自武川。"[1]六镇正是激荡动乱的中国6世纪历史的点火处。六镇克服了六朝贵族制的弊端，为崭新的时代做着准备，就如同新时代的胎动一般。

然而高澄的书信暗示了让江南陷入混乱的侯景是东魏派到梁朝的奸细。傅岐也正有着这样的忧惧。但是《梁书》《南史》《北齐书》《北史》以及《资治通鉴》等，当然都否认了相关的见解。相关的见解不过是小说家之言吧。侯景和高澄之间的密约根本不会存在。如果万一这件事情是真的，那么

---

[1] ［清］赵翼著，王树民校证：《廿二史劄记》卷十五，中华书局2013年版。

比起侯景本人，王伟作为间谍的嫌疑似乎更大一些。王伟是谜一样的人物，据说侯景的"表启书檄"全由他一手起草，而且在侯景做出重要的决定之际，王伟都起着关键的作用。然而这些仍旧属于小说虚构的领域。但是尽管如此，侯景之乱就如同傅岐所忧惧的那样丝毫不差地上演了。冥冥之中自有天意，与其说将侯景视作东魏的间谍，但根据之后的历史走势而言的话，倒不如说侯景是作为整个北朝的间谍来到江南的。在历史这双大手的操控下，侯景被迫扮演了一个荒谬至极的小丑角色。

第二章

徐陵
——南朝贵族的悲剧

江南的使臣

谢挺、徐陵等梁朝使臣一行到达东魏的国都邺城之时,正是在梁太清二年(按照东魏年号则是武定六年,548)盛夏时节。对习惯于青山绿水的江南人来说,烈日照耀在没有遮挡物的红褐色的大地上,不用说肉体,甚至精神上也如遭受着被拷打般的酷烈严刑。他们长途跋涉的疲惫还未消除,就不得不出席在鸿胪寺的公馆中举办的宴会。毫无疑问,这场宴会可以算是此次东魏之行最大的事件了吧。无论如何,只要和平得到维持,南北两朝的使臣往来就会络绎不绝,因为这些使臣往来最能体现两朝文化互相竞争、互相炫耀的风气。因此,外交手腕和政治策略暂且不提,姿容美、门第好、智谋高以及谈吐和诗文之才优秀的人才常常被拔擢为聘问之使。于是，接待聘使的主客郎也要让同样的人才担任。在有使臣来访的国家，令人关注的是对方聘使和我方的主客郎之间是如何进行酬答的。

> 既南北通好，务以俊乂相矜，衔命接客，必尽一时之选，无才地者不得与焉。梁使每入，邺下为之倾动，贵胜子弟盛饰聚观，礼赠优渥，馆门成市。宴日，齐文襄使左右觇之，宾司一言制胜，文襄为之抃掌。魏使至梁，亦如梁使至魏。[1]

梁朝使臣此次访问的对象，并不是徒有其名的东魏国君孝静帝，而是东魏实权者，后来被追谥为北齐文襄帝的大将军、渤海王高澄。这次访问是以让不久前变得险恶的两国关系回暖作为目的的，而派遣使臣就是两国邦交正常化的标志，使臣们出使就是要完成外交上的任务，这是毋庸置疑的。如果有什么地方与往年不同，那就是本次使臣访问中展现出的两朝的意气相投。根据梁朝聘使的身份地位，东魏为迎接他们所做的准备不敢有丝毫怠慢。

梁朝一度决定让在镇西将军、湘东王萧绎幕府中任职记室参军的徐陵以及太子中舍人江总担任聘使，按照惯例，二人各自先兼任散骑常侍而后出使东魏。然而不凑巧的是江总

---

[1] ［唐］李延寿：《北史》卷四十三，中华书局1974年版。

此时卧病在床，因此建康令谢挺替代他而被任命为聘使。由于年龄和官阶的关系，谢挺为正使，徐陵为副使。但谢挺可以说是代职，因此徐陵在从都城建康出发时，就暗下决心要肩负起光荣的使臣之责。

他能有这样的想法，绝不是自我陶醉或者自负。徐陵还是幼童时，长辈牵着他去拜访神异之僧宝志上人。宝志上人摸着徐陵的头赞叹道："天上石麒麟也。"[1]又因为徐陵的夙慧，光宅寺惠云法师将他比作颜回。实际和传闻差别不大，他八岁能写文章，十二岁通晓老庄之义，长大后博涉史籍，纵横有辩才。徐陵名声在外，因此他和他父亲徐摛一起在喜欢文学的皇太子萧纲的东宫得到了重用。同样在东宫奉职的庾肩吾、庾信父子和他们徐氏父子共同开创了轻艳的诗风，世称"宫体"，风靡一时，长盛不衰，被后世所推崇。例如从《贞观政要》中可以窥见些许与严肃风格不相称的内容，唐太宗也有宫体诗的作品。同时，徐、庾两对父子开拓了竞一韵之奇、争一字之巧的散文体，"徐庾体"之名闻名于世。也不要忘记，徐陵正是集古今艳情诗之大成的《玉台新咏》的编者。此书中也收录了他自己的四首诗，其中有一首《和王舍人送客未还闺中有望》如下：

倡人歌吹罢，

---

[1] ［唐］姚思廉：《陈书》卷二十六，中华书局1972年版。

> 对镜览红妆。
> 拭粉留花称,
> 除钗作小鬟。
> 绮灯停不灭,
> 高扉掩未关。
> 良人在何处,
> 唯见月光还。[1]

徐陵的文名不仅仅在江南广为人知,也远播华北。中唐刘禹锡吟咏道:"中国书流尚皇象,北朝文士重徐陵。"(《洛中寺北楼见贺监草书题诗》)有比喻之意但无浮夸之词。在《陈书·徐陵传》中有这样的叙述:"其文颇变旧体,辑裁巧密,多有新意。每一文出手,好事者已传写成诵,遂被之华夷,家藏起本。"[2] 所谓华夷,当然是指汉人建立的南朝和胡族建立的北朝。

才华横溢且身负国家使命的徐陵,是令人无比艳羡的风云人物,但作为朋友也是最强劲对手的庾信早在三年前,即大同十一年(545)就曾作为梁的聘使到访过邺城,当庾信的"文章辞令"被广泛赞美时,徐陵对此行寄予厚望自然也是情理之中的。

---

[1] [陈]徐陵撰,许逸民校笺:《徐陵集校笺》,中华书局2008年版。
[2] [唐]姚思廉:《陈书》卷二十六,中华书局1972年版。

另一边，东魏任命魏收为主客郎，负责接待徐陵一行。魏收有着与温子昇、邢子才不相上下的文名，而且在九年前因其文被认为"辞藻富逸"而与王昕一同出使过梁朝，正是因为那次的经验，他得到东魏朝廷的重视，成为了主客郎的人选。而在梁朝和东魏的邦交上，一直以来双方传递的外交文书中，习惯于把"想彼境内宁静，此率土安和"写在书信的开头，据说后来采纳了魏收的提议，去掉了"彼"和"此"二字，改成了"想境内清晏，今万国安和"[1]。因为梁朝持有"王者无外"即普天之下莫非王土的理念，东魏去掉"彼"字，改为"想境内宁静，今率土安和"，正是为了与梁朝对抗。

但遗憾的是魏收的品性有些过于轻薄。当时魏收屡次被推荐为北魏史书《魏书》的执笔者。作为人尽皆知的史实，他所撰写的《魏书》掺杂了过多的私人情感，只要给钱他就可以恣意地添加曲笔，因此《魏书》被贴上了"秽史"的标签。同时代杨愔的《文德论》中，仅言及"以为古今辞人皆负才遗行，浇薄险忌，唯邢子才、王元景（王昕）、温子昇彬彬有德素"[2]，忽略了文才在诸人中不处下风的魏收之名，这也不是没有理由的。以前魏收出访梁朝之时，一方面被梁武帝认定为逸材，另一方面他又买吴婢入公馆，甚至与部下买入的婢女有染，终于闯出了祸，梁朝

---

[1] ［唐］李百药：《北齐书》卷三十七，中华书局1972年版。

[2] ［北齐］魏收：《魏书》卷八十五，中华书局1974年版。

公馆的馆司全都遭到了处分。

公　宴

公宴举行之日，从早上开始便暑气极盛，公馆室内因为人多闷热，愈加显得气氛压抑。使臣们整饰衣冠束带以正威仪，越发感到体热难忍，汗如雨下。徐陵等人在座位上正襟危坐，不敢懈怠。魏收一边摇扇一边说道："今日之热，当由徐常侍来。"[1]

他这句轻浮的玩笑之语并没有引起哄笑，压抑隐忍的情绪弥漫在室内各个角落。

徐陵想起了在数年前的冬天，到访建康的东魏聘使李谐和梁的主客郎范胥之间有过这样的对话。"今犹尚暖，北间当小寒于此。"对于范胥的话，李谐回答道："地居阴阳之正，寒暑适时，不知多少。""所访邺下，岂是测影之地？""皆是皇居帝里，相去不远，可得统而言之。"[2]

根据《周礼》所记，夏至正午时，有一个地点，在这里放置八尺木棍，正北方就会出现一尺五寸的影子，此处就是大地的中心，即所谓的"地中"。"地中"据说是天地相合的地点，是四时相交的地点，是风雨相会的地点，是阴阳所集

---

[1]　[唐]姚思廉：《陈书》卷二十六，中华书局1972年版。
[2]　[北齐]魏收：《魏书》卷六十五，中华书局1974年版。

的地点，万物富饶安逸，因此当在此处建立王城。位于洛阳东南的颍川郡城阳县正是"地中"所在。李谐也好，魏收也好，都认为北朝正是天地中央，王城之地，与此相对的江南不过是边隅之地，因此嘲笑江南阴阳失调，寒暑失度。如此刻薄的言语也让梁王朝颜面扫地。徐陵不甘示弱地回击道："昔王肃至此，为魏始制礼仪；今我来聘，使卿复知寒暑。"[1]

大约是半个世纪前，王肃为躲避南齐的政治斗争而亡命北魏。之后他被提拔为孝文帝的政治顾问，参与朝仪国典的制定工作。孝文帝正是锐意进取，主导胡族王朝向中原王朝转变的帝王。徐陵此言一出，就连魏收都哑口无言。对以魏收为首的北朝士人而言，虽说一直在追赶南朝的文化，但遗憾的是至今南朝文化仍是他们无法超越的目标，因此在他们心底仍然会感到相当程度的自卑。

在公宴中进行谈论，是公当时宴的一种形式。公宴上当然还要进行诗歌的酬答唱和。这次宴会上，东魏的士人裴让之有诗作《公馆讌酬南使徐陵》，而遗憾的是更加重要的徐陵的诗作却已失传。

裴让之，字士礼，河东闻喜人。在这之前他多次受命成为接待梁使的主客郎。与史传所记载的"少好学，有文情，清明俊辩，早得声誉"一致，朋友同辈都称其为"能赋诗，裴让之"，还有清谈之友杨愔赞扬他"此人风流警拔，裴文

---

[1]　[唐]姚思廉：《陈书》卷二十六，中华书局1972年版。

季为不亡矣"[1]。文季是三国时期魏国清谈家裴徽的字,他也是河东闻喜人。

在公宴上,裴让之所赋之诗如下:

嵩山表京邑,
钟岭对江津。
方域殊风壤,
分野各星辰。
出境君图事,
寻盟我恤邻。
有才称竹箭,
无用忝丝纶。
列乐歌钟响,
张旃玉帛陈。
皇华徒受命,
延誉本无因。
韩宣将聘楚,
申胥欲去秦。
方期饮河朔,
翻属卧漳滨。
礼酒盈三献,

---

[1] 〔唐〕李延寿:《北史》卷三十八,中华书局1974年版。

宾筵盛八珍。

岁稔鸣铜雀，

兵戢坐金人。

云来朝起盖，

日落晚催轮。

异国犹兄弟，

相知无旧新。[1]

这首诗所吟咏的内容为：嵩山耸立在洛阳之南，是王城的象征，而建康的钟山与长江渡口遥遥相望。因为嵩山自古以来都被称为"中岳"，自然有特别的含义，不仅仅南朝，北朝也有"地中"这个意识。第三句诗就是这个意识的投射。"分野"是根据星座对天空进行分区，天空的分区与地上的方域分别对应。"竹箭"是用竹子制作的箭矢，是会稽等东南地区的特产。这句当然是称赞对方的姿态气质。"张旃"是基于《仪礼》中聘礼而来的语词。聘使一到达访问国的国境，就要"张旃誓，乃谒关人"。"皇华"是使者的代名词。《诗经·小雅》有诗《皇皇者华》，此诗诗序中说："《皇皇者华》，君遣使臣也。送之以礼乐，言远而有光华也。"这之后的一句"载驰载驱，周爰咨诹"，郑笺[2]解释说："大夫出使，驰驱而行，

---

[1] ［唐］欧阳询：《艺文类聚》卷五十三，上海古籍出版社1982年版。
[2] 郑笺，是东汉郑玄所作《〈毛诗传〉笺》的简称。

见忠信之贤人，则于之访问，求善道也。"这里裴让之的意思是"我裴让之并非是作为使臣的您所看中的那样的贤人"，算是给足了对方面子。"韩宣"即晋国的韩宣子，他伴随乘舆的公女入楚，此事见于《左传·昭公五年》。"申胥"即楚国的申包胥，他在吴国将要攻陷郢都之际奔赴秦国，向秦国乞师，此事见于《左传·定公四年》。"我期待着在河朔即河北的邺城和您把酒言欢，偏偏不巧身体有恙，无法进行进一步私下的交往。"此处是根据建安七子之一刘桢的《赠五官中郎将诗》中的一句"余婴沉痼疾，窜身清漳滨"，漳水在邺城的道路边流过。可是在今日的公宴上，施行礼仪，进行三次献酒，各种珍馐美味，"八珍"被整齐摆放着。"铜雀"被放置在长安城西的阙门，不正包含着魏武曹操在邺城筑起铜雀台的含义吗？而这"铜雀"在乐府中是如此吟咏的："一鸣五谷生，再鸣五谷熟。""铜雀"预示着此刻全国各地都迎来了丰收。而秦始皇从民间没收的武器被熔铸成"金人"，陈列于宫廷之中。铜雀的铸造是对不再进行战争的表态。您在云来的早上起来，驱车到达，又因为日落而匆忙归去。"起盖"的盖是指车盖。虽然我们侍奉的国家不同，但我们像兄弟一样亲密。朋友之间没有新旧之分。

猃狁之灾

梁朝使臣完成这个刻不容缓出使东魏的任务后，一行人正在准备数日后返回江南。"韩宣将聘楚，申胥欲去秦。"裴让之如此吟咏，是因为依据惯例，梁朝使臣南归后，仿佛追赶一般，从东魏出发向南朝答礼的使臣就会马上出发。毫无疑问，裴让之是此次东魏聘使的唯一人选。在文襄帝高澄执政的两年里，"聘于梁"作为裴让之的事迹，在史传中被记载下来。然而，他访问梁朝的行动真的会实现吗？这只是计划而已吗？恰巧在此时，梁朝使臣一行人不得不在邺城滞留，因为在江南正发生着紧急的事件，侯景的叛乱军一窝蜂地涌入都城建康。"吾阶缘人乏，叨篚皇华，王事无淹。公礼将毕，既而扬都荡覆，方离猃狁之灾。"[1]（《在北齐与宗室书》）后来徐陵这样写道。这里"猃狁之灾"所指的是侯景是在朔北出生成长的羯族人。

如本书第一章详细叙述的那样，东魏的高欢成为华北东半部的称霸者后，侯景就被高欢委任为治理河南的武将。按照梁的年号，太清元年（547）正月，高欢殁，世子高澄继承其父的地位，侯景立即高举反叛的旗帜，请求归顺梁朝，梁武帝为了援助侯景，派遣了由其侄子南豫州刺史、贞阳侯萧渊明为大都督的北伐军。梁军在彭城一带与东魏军队作战，大败，萧渊明成为俘虏而被带到晋阳。逃到南方寿春的侯景被梁朝任命为南豫州刺史。第二年，即太清二年，令梁朝意想不到的是从高澄那儿得到了停战的建议。

---

[1] ［陈］徐陵撰，许逸民校笺：《徐陵集校笺》，中华书局2008年版。

若是和议成功，他们会立即送萧渊明回江南，梁武帝对对方提出的和议建议毫不犹豫地接受了。得知这个决定的侯景惊讶万分，而这份惊讶最终被恐惧所代替。如果萧渊明回来，侯景自己一定会被送还北方。他对梁朝和东魏缔结和约的坏处反复力陈，但终究还是没能让梁武帝改变主意，于是谢挺和徐陵作为传达两国邦交正常化信息的使臣，被派遣到邺城。侯景在寿春举兵，正是在太清二年八月。趁着梁朝不备，侯景在十月末以十万大军控制了建康，包围了台城。

因此，不能否认侯景的举兵与徐陵等人访问东魏有着复杂的因果关系。总之，要将萧渊明送还，事到如今并不容易。于是徐陵等使臣一行人也被东魏以保护人身安全为理由扣留下来。对于自己与梁朝的关系在未来将如何发展，东魏无法事前预测，但是留下这些使臣也许总有一天会有利用到他们的时候。由于东魏的这些考虑，徐陵他们昨日还是满身荣誉的使臣，今朝便成为了囚虏之身。

这之后，梁朝的命运是如何走向的呢？双方竭尽全力战斗的台城攻防战，在五个月后，以侯景的胜利而告终。在侯景严苛的监视中，梁武帝驾崩，两个月后，也就是太清三年（549）五月丙辰（二日），侯景让皇位继承人皇太子萧纲登基，他就是简文帝。然而侯景并不能威慑江南全境。他所能控制的范围以建康为中心，最多到吴郡以西，止于南陵以北，其他地方是由诸王子统领的方镇，各方镇坚决抵制侯景的势力。诸王子各自镇守在以下地方：梁武帝的第六子邵陵王萧纶以假黄钺[1]、都督中外诸军事之名镇守在武昌，第七子湘东王萧绎作为镇西将军、荆州刺史镇守在江陵，第八子武陵王萧纪作为征西大将军、益州刺史镇守在成都，还有梁武帝最初的皇太子、不幸夭折的昭明太子的第二子河东王萧誉作为南中郎将、湘州刺史镇守在长沙，昭明太子的第三子岳阳王萧詧作为西中郎将、雍州刺史镇守在襄阳。

但是同时，他们没有同心协力对抗侯景的坚决意志。与其说他们是为了各自势力的扩张而明争暗斗，倒不如说是他们的权力之争逐步演变成手足相残的局面。梁武帝于台城被围之际，诸王子不顾朝廷再三请求，出兵迟疑，相互猜忌。梁武帝一死，他们之间所有的矛盾都趋向于公开化。战争首先在湘东王和其两个侄子河东王以及岳阳王兄弟之间爆发。湘东王萧绎击败河东王，接着把与河东王一派的邵陵王也驱逐出武昌，因此萧绎成长为占据长江中下游的一大势力。就在此时，岳阳王为了对抗湘东王，向在北方关中的霸者、西魏的宇文泰请求援军。他的这一举动给不久后的江南政局投下了阴影。

---

[1] 魏晋南北朝时，重臣出征往往加有"假黄钺"的称号，即代表皇帝行使征伐之权。

北齐王朝的诞生

徐陵被抑留在东魏的这段时间，东魏的政局也发生着剧烈的动荡。

徐陵刚到邺城的时候，整个东魏王朝都在高澄的掌控下运作。高澄从东魏皇帝那儿禅让得到王朝这件事是毋庸置疑的。他将办公的府邸建在晋阳，晋阳也是其父高欢丞相府所在地，而且不管被叫作"王者之基"也好，"重镇"也好，此处正是支持高氏权力的军队的主力所屯驻的地方。而高澄的二弟高洋作为尚书令、京畿大都督被安排在都城邺城，同时高澄还送心腹崔季舒入宫做东魏的黄门侍郎，命令其将孝静帝的动静持续向晋阳的霸府报告。高澄在给崔季舒的书信中这样写道："痴人比复何似？痴势小差未？宜用心检校。"[1]而且高澄有时会亲自来到邺城。一日，他向孝静帝举起装满酒的大杯子，说道："臣澄劝陛下酒。"[2]这一行为打破了君臣之礼，是不成体统的做法。忍受不了的孝静帝直言道："自古无不亡之国，朕亦何用此生为！"[3]高澄恶狠狠道："朕？朕？狗脚朕！"[4]他命令崔季舒打了孝静帝三拳，而后起身离席。

孝静帝总是随口吟咏如下的诗句："韩亡子房奋，秦帝

---

[1][2][3][4]　[宋]司马光：《资治通鉴》卷一百六十，中华书局2011年版。

鲁连耻。本自江海人，忠义动君子。"[1]这是南朝宋谢灵运的诗句。某天，得到孝静帝授意，从梁朝过来的亡命之徒荀济，在宫中向着高澄的居住之所开挖地道，想要派刺客从地道进入刺杀高澄。但是挖到宫城北边的千秋门处时，高澄安排在这里的卫士对从地下传来的异样的声音感到怀疑，并报告给了高澄，于是这个刺杀计划被揭穿。高澄带领着士兵上殿，用咄咄逼人的语气问道："陛下何意反？臣父子功存社稷，何负陛下邪！此必左右嫔妃辈所为。"[2]孝静帝神情严肃回答道："自古唯闻臣反君，不闻君反臣。王自欲反，何乃责我！我杀王则社稷安，不杀则灭亡无日，我身且不暇惜，况于嫔妃！必欲弑逆，缓速在王！"[3]一席话让高澄感到了不安，他叩头谢罪，和孝静帝相对痛饮，夜深才离开。三日之后，高澄将孝静帝幽闭在含章殿后，便返回了晋阳。

举行禅让势在必行，只是时间的问题。然而令人完全意想不到的事情发生了。武定七年（549），根据梁的年号则是太清三年秋八月辛卯（八日），这一日，在邺城逗留的高澄和崔季舒，加上散骑常侍陈元康，以及吏部尚书、侍中杨愔齐聚在城北东柏堂，讨论临近诞生的新王朝的人事安排。就在讨论十分热烈的时候，在厨房工作的膳奴兰京在门外问还

---

[1][2][3]　［宋］司马光：《资治通鉴》卷一百六十，中华书局2011年版。

需不需要酒菜,高澄喝道:"退下。"[1]然后他仿佛又想起了什么,对众人说道:"昨夜梦此奴斫我,当急杀之。"[2]兰京原本是梁朝的武将之子,战败后成为东魏的囚房。其父再三请求替儿子赎身未果,兰京自己说起涉及赎身的话题时,会被施以重重的鞭笞。兰京偷听到主人的话后,粗暴地打开门。"我未索食,何为遽来!"[3]高澄话音刚落,兰京抽出藏在盘子下的小刀刺来,紧随其后的有六名贼匪冲了进来。崔季舒和杨愔见势不妙拔腿就跑。高澄藏身于胡床之下而被拖拽出来,被乱刀杀死。为了掩护高澄,陈元康也在与对手的搏斗中丢了性命。

太原公高洋收到事变的消息后立刻赶到,很快将凶手抓捕起来。他对听到骚乱声而聚集过来的人大声说道:"奴反,大将军被伤,无大苦也。"[4]为了稳住动摇的人心,高洋对外秘不发丧,至于陈元康,则对外谎称派遣他出使南方去了,还煞有介事地任命他为中书令。之后,高洋抓住机会返回晋阳。如果此时邺城群龙无首的将士们一旦兵变,从他父亲高欢就开始辛苦经营的事业将全部化为泡影。

准备返回晋阳之时,高洋带着八千甲士,在昭阳殿拜谒孝静帝。高洋特别选择了二百名身穿铠甲的武士,他们都

---

[1] 此处作者未按照《资治通鉴》原本引用。《资治通鉴》原文为"兰京进食,澄却之"。见〔宋〕司马光:《资治通鉴》卷一百六十二,中华书局2011年版。
[2][3][4] 〔宋〕司马光:《资治通鉴》卷一百六十二,中华书局2011年版。

卷起衣角，手握刀柄，整整齐齐列在殿阶的左右。高洋上奏"臣有家事，须诣晋阳"[1]，深深叩拜行礼。此时，高澄的死讯不知从哪儿传入了孝静帝的耳中，他对左右说道："大将军今死，似是天意，威权当复归帝室矣。"[2]但是孝静帝看着高洋凛凛之姿出现在眼前，又注视着他慢慢退出去的背影，小声说道："此人又似不相容，朕不知死在何日！"[3]

到达晋阳的高洋立刻召集文武大臣，他威风十足，令人敬畏，他当着在座大臣的面慷慨陈词。之前曾经有一些轻视他的旧臣宿将们，此时也不得不在心中暗自惊叹。其兄长高澄在世时，高洋一次都没有违逆过兄长的命令，一直是本分而低调的存在，因此旁人无法判断这个人是愚笨还是聪明。有一次，他的妻子特地定制的某件物品，被兄长高澄看上并拿走了，妻子很不高兴，高洋让正在噘嘴生气的年轻妻子反省，还责备道："这样的物品也不是很难再得到的。既然兄长看中了，就该相赠，别那么小气。"完成一天的公务回到私邸后，高洋经常独自在书斋闭门静坐，和妻子完全不说话。当你以为他会一直静坐下去时，他又会突然脱掉衣服跑到庭院中，像小狗撒欢一样转圈圈。他的这些行为，表明了这个处于权力之争旋涡中的年轻人心中的抑郁和烦闷。

不久，晋升齐王之位的高洋，在心腹之臣的劝说下，逼迫孝静帝禅让。武定八年（550）的五月丙辰（八日），很

---

[1][2][3]　［宋］司马光：《资治通鉴》卷一百六十二，中华书局2011年版。

巧合的是这也是梁武帝的一周忌,当天,孝静帝驾临昭阳殿后,被告知必须要禅位于齐王。孝静帝平静地说道:"若尔,须作制书。"[1]一旁的中书郎崔劼以及裴让之回答道:"制已作讫。"[2]由魏收起草的诏书,经由侍中杨愔递到孝静帝手中,后者只需要签下自己的署名。

孝静帝走下御座,向东廊一步步走去,吟咏着《后汉书·献帝纪》的赞:"献生不辰,身播国屯,终我四百,永作虞宾。"[3]前后汉共历四百年,献帝是两汉最后的天子,将王朝禅让给魏文帝曹丕,就如同尧之子丹朱放弃父亲的帝位成为虞即舜的宾客那样,受封魏国山阳公。孝静帝缓缓步入后宫,与嫔妃作最后的告别。嫔妃中有一位李嫔,她吟咏曹植的诗道:"王其爱玉体,具享黄发期。"[4]孝静帝乘坐马车前往在城北早就准备好的清冷的住所。两日后的戊午(十日),二十二岁的高洋即位为新王朝的天子,改元"天保",他就是北齐的文宣帝。

徐陵一家的悲惨命运

《北齐书》中的一条史料记载,文宣帝天保元年(550)十一月,"甲寅(八日),梁湘东王萧绎遣使朝贡。"[5]这时

---

[1][2][3][4] 〔宋〕司马光:《资治通鉴》卷一百六十三,中华书局2011年版。
[5] 〔唐〕李百药:《北齐书》卷四,中华书局1972年版。

算起来距离徐陵等人初到邺城已过去整整两年时间，是北齐作为新王朝初次迎接江南的使臣。

徐陵从来到华北避难的人们口中，或者从其他渠道的传闻中，都能听到很多关于侯景之乱蹂躏下江南的惨状。在北地的徐陵曾想过执笔写作《梁史》(《史通》核才篇)[1]，至少在他的意识深处，过往是不可忽视的，曾经辉煌的梁朝已经变成了历史。由于他听到的亲身经历侯景之乱的使臣描述的情景极其凄惨，让他难以相信那些惨状是发生在这个世界的事情，这让他更加陷入了沮丧和压抑的情绪中。

> 又闻本朝王公，都人士女，风行雨散，东播西流。京邑丘墟，奸蓬萧瑟，偃师还望，咸为草莱，霸陵回首，俱沾霜露。
>
> ……
>
> 且天伦之爱，何得忘怀？妻子之情，谁能无累？夫以清河公主之贵，余姚书佐之家，莫限高卑，皆被驱略。自东南丑虏，抄贩饥民，台属郎官，俱馁墙壁，况吾生离死别，多历暄寒，孀室婴儿，何可言念。[2]

---

[1] 原文为"孝穆在齐，有志梁史。"见[唐]刘知几：《史通》卷九，上海古籍出版社2015年版。
[2] 引自《与杨仆射书》。见[陈]徐陵撰，许逸民校笺：《徐陵集校笺》，中华书局2008年版。

清河公主是在西晋末因为胡族袭击洛阳而在乱离之际被吴兴的张温[1]买来的皇女。余姚书佐是后汉余姚县一个叫黄昌的人，他在担任扬州书记官时，妻子因为回娘家被盗贼所虏，一路辗转流落到巴蜀，重新有了丈夫。之后，荣升蜀郡太守的黄昌在审理一个案件时，怀疑涉案的一名女子不是本地人。一经探访，才知此女竟是自己原来的妻子。在《与杨仆射书》中，徐陵所用的这几个典故完全是适合的。身处侯景之乱中的人们，无论谁都遭遇着上天的玩弄，命途坎坷。战乱宛如晴天霹雳一般突然发生，对比这之前半个世纪令人炫目的太平盛世，如今任谁都会有风俗浇薄的末世之感吧。诚然，不幸也很公平地笼罩了徐陵一家。

很久没有接到家信的徐陵据说是"蔬食布衣，若居忧恤"[2]。他忧心父母是否安康，过着与服丧同样的生活。《在北齐与宗室书》对他的记载是："形如槁木，心若死灰，匍匐苫庐，才有魂气。"[3]还有《与梁太尉王僧辩书》中记载着："顿伏苫庐，徒延光晷"。[4]在为父母服丧之时，徐陵在用木头搭建的粗糙的"倚庐"中生活，睡在苫席上，枕着土块，这些行为是中国古代服丧礼仪中必须要做的。于是，徐陵对父亲徐摛有了不好的预感，正是他在北地滞留期间，父亲徐摛去

---

[1] 清河公主本传中作"钱温"。见［唐］房玄龄等：《晋书》卷三十一，中华书局1974年版。

[2] ［唐］姚思廉：《陈书》卷二十六，中华书局1972年版。

[3][4] ［陈］徐陵撰，许逸民校笺：《徐陵集校笺》，中华书局2008年版。

世了。因为侯景，简文帝被幽闭在永福省，无法被朝谒，其父徐摛因此气疾而亡，走完了七十八年的一生。当然，简文帝在主持东宫时就是徐陵父子的保护人，徐陵的父亲为了向主君进忠而用一生来作为报答。他死之前，太清三年（549）三月，台城也最终陷落。一次，侯景去梁武帝宫中的居所、中书省皇太子的住处拜谒，身后跟着羌胡的士兵们，这些人根本不行朝见礼仪，行为举止令人难以忍受。侍卫之臣惊恐失措而四散奔逃，其中仅有太子左卫率徐摛和东宫通事舍人殷不害岿然不动地侍立在皇太子身边。徐摛大喝一声："侯王当以礼见，何得如此！"[1]

至于徐陵的异母弟徐孝克更是一位悲剧人物。

时江南大饥，江、扬弥甚，旱蝗相系，年谷不登，百姓流亡，死者涂地。父子携手共入江湖，或弟兄相要俱缘山岳。芰实荇花，所在皆罄，草根木叶，为之凋残。虽假命须臾，亦终死山泽。其绝粒久者，鸟面鹄形，俯伏床帷，不出户牖者，莫不衣罗绮，怀金玉，交相枕藉，待命听终。于是千里绝烟，人迹罕见，白骨成聚如丘陇焉。[2]

---

[1] ［宋］司马光：《资治通鉴》卷一百六十二，中华书局2011年版。
[2] ［唐］李延寿：《南史》卷八十，中华书局1975年版。

这样的慢性饥荒袭击了江南。在这样的环境下，对于刚出仕的徐孝克，即使供给母亲陈氏每日一碗薄粥也不是一件容易的事。因为想不出别的办法，他强迫新婚妻子臧氏改嫁侯景的将军，一个未娶的乡野武夫。就这样，他所获得的一些财帛都毫不犹豫地给了母亲，自己则剃度为僧，改名"法整"，乞食度日。臧氏瞒着新丈夫给徐孝克送食物，不久新丈夫战死，她在路边遇到了徐孝克，叫住他说："往日之事，非为相负，今既得脱，当归供养。"[1]徐孝克注视着对方的脸，无言以对，因此还俗，两人破镜重圆。

徐陵的长子徐俭刚加元服就遭遇了侯景之乱，他带着一家老幼来到湘东王萧绎的大本营江陵避难。这里包括徐俭的母亲，也就是徐陵的老伴，以及徐俭的三个弟弟徐份、徐仪、徐傅，这就是《陈书·徐陵传》里所谓的"孺室婴儿"吧！

徐陵一定是从湘东王使者的口中得知家人们的悲惨命运的。他不止一次向北齐王朝表达了南归之情，然而得到的总是冷漠的回复。他因为无法忍受而向杨愔写信，就是上文所引用的《与杨仆射书》。依据信中所述"吾今年四十有四"来看，可以确定这封信是他在湘东王使臣到达邺城的天保元年所执笔写就的。

---

[1] ［唐］姚思廉：《陈书》卷二十六，中华书局1972年版。

与杨仆射书

虽说徐陵半是囚虏之身，无法获得完全的自由，但似乎在一定程度上也是被容许与文人们进行诗酒之交的。《答李颙之书》可作为在这一时期他酬唱应答的代表作。李颙之是何许人也？史料没有详细记载，恐怕与《广弘明集》所收录的《大乘赋》的作者李颙是同一个人吧。徐陵在《答李颙之书》中有以下的叙述：

> 安可以树扬名士，游处盛宾？来喻泰、高，知为善谑，文艳质寡，何似上林，华而不实，将同《桂树》，但忘年之款，昔有张、裴；邻国之交，非无婴、礼。傥哀骀可悦，瓮盎非疑，方愿投衿，庶比倾盖。[1]

这封书信可以视为是徐陵对被赞颂为"山西盛族，素挺风流，河北辞林，本所嗟赏"[2]的李颙之招待的回应。而杨愔恐怕也是徐陵在北土结识的文友之一。而且最重要的是杨愔还是北齐的重臣。

杨愔，字遵彦，是弘农华阴[3]的名门望族。他在从东魏到北齐禅让的过程中扮演着重要的角色，并在此之前将近

---

[1][2] ［陈］徐陵撰，许逸民校笺：《徐陵集校笺》，中华书局2008年版。
[3] 弘农华阴，即今陕西省华阴市。

四十年的时间里经历了诸多波澜。杨愔年轻时身处流寇葛荣管辖的地方，葛荣想要把女儿嫁给他，想以此强迫他做自己的书记。杨愔悄悄喝下数口牛血，吐出黏糊糊的液体，故意装作说不出话，最终联姻没有成功。但高欢一登场，杨愔第一时间便投于他的麾下，霸朝的"文檄教令"全出自杨愔和崔㥄之手。不久杨愔遭受谗言（具体是何谗言史传并未记录），假装投水自杀来蒙骗世人之眼，暂时隐居嵩山，后来又从嵩山逃匿到东方海上的田横岛，在岛上以教书为业。传说此岛是抵抗汉高祖刘邦的田横属下的五百甲士所占据的地方。高欢消除了之前对杨愔的怀疑，得知他还活着，再次以厚礼相迎。而徐陵的《与杨仆射书》于天保元年执笔，当时杨愔正担任吏部尚书的要职。他晋升尚书仆射是两年之后的事，所以书简标题中的"杨仆射"当是后人追记的，但是他在朝廷内部拥有极大的发言权，是北齐一朝无可替代的重臣。杨愔作为饱尝艰辛之人，一定能理解徐陵走投无路的心情。徐陵写下的这封书简熔铸了他的种种期待。

在《与杨仆射书》中，北齐王朝到目前为止所表明的以及今后可能表明的拒绝徐陵返回江南的理由，被徐陵总结为八大条，然后他再对这些理由一条条提出自己的见解进行反驳：

第一，荆州刺史、湘东王萧绎即将结束江南的混乱，拥戴他为帝的局势日渐明朗。在《答旨》中，也就是北齐王朝对徐陵等人陈情的回答中，有"何所投身"这样的话，徐陵对这一点并不认同，自己并非无家可归。

第二，晋熙[1]诸郡全部成为了北齐的领地，从此处到寻阳的距离并不远。而且最近，鄱阳王萧范以及邵陵王萧伦分别与贵国互派使者，往来频繁。详细说明的话，事实是这样的。作为合州刺史坐镇合肥的鄱阳王，在侯景攻陷台城后逃奔东关，送出二子作为人质而寻求东魏的援军。而武昌邵陵王被湘东王驱逐已为众人所知，这之后他滞留在齐昌也是为了寻求东魏的援助。而所写到的"答旨云还路无从"是为何呢？

第三，晋熙、庐江、义阳、安陆等诸郡新归北齐，这几个地方的道路是清平安定的。若是跨越国境，可能会有危险。然而我们不过是为了贸易而访问当地，加之"由来宴锡，凡厥囊装，行役淹留，皆已虚罄"[2]，也就是说从来都没什么钱做宴请、赏赐，从江南带来的费用，因为长期滞留而使用殆尽了，恐怕不会遭到贼匪的袭击。而且加强警戒力量以及路上铺张的接待费用也用不上。继续滞留下去肯定会带来不少麻烦，而让我们返回江南却能减轻国库的负担，也不会出现意外情况，提及"资装"的艰难应该是逃避核心问题的托词。

第四，不愿意返回建康的侯景处。因为侯景是逆贼，同时侯景举兵最初的起因是我们访问北地，回去我们的生命安全难以保障。而且听闻建康已经化为废墟。

第五，我们会被怀疑带走贵国的机密吧。如果是那样

---

[1] 晋熙郡，古郡名，东晋置，治所在怀宁（今安徽省潜山市）。
[2] ［陈］徐陵撰，许逸民校笺：《徐陵集校笺》，中华书局2008年版。

的话，贵国曾经的河南道大行台侯景才真正知悉贵国的"山川形胜，军国彝章"[1]。而且连朝臣们也很少能够亲眼看到的"宫闱秘事"[2]，羁旅之身的我们自然是不知道的。而贵国的"礼乐沿革，刑政宽猛"[3]则全部是举世皆知的事情。

第六，以在彭城寒山被捕的萧渊明为首的梁朝将军们，被解开了绳结，免于斩首。而我们也非常感谢被贵国礼遇有加。然而现在为什么却遭受贬低责备？

第七，不忍心把我们送还乱离的江南，这是下赐的厚德洪恩，比海更深，比山更重。然而无论赐予多少关照爱护，故国更令人想念。这就是所谓的"虽蒙养护，更夭天年"[4]。

第八，因为逆贼被歼灭，想要大张旗鼓地为我们送行，但究竟是在什么时候呢？谢常侍（即正使谢挺）年龄五十有一，我是四十有四，都来日无多了。

《与杨仆射书》大约有以上这八点概略的内容。在搁笔之际，徐陵着重写下了自己切切的望乡之情："岁月如流，人生几何！晨看旅雁，心赴江淮；昏望牵牛，情驰扬越，朝千悲而下泣，夕万绪以回肠，不自知其为生，不自知其为死也……何故期令我等必死齐都。"[5]

---

[1] 原文作"山川形势，军国彝章"。见[陈]徐陵撰，许逸民校笺：《徐陵集校笺》，中华书局2008年版。

[2][3][4][5] [陈]徐陵撰，许逸民校笺：《徐陵集校笺》，中华书局2008年版。

但是徐陵的愿望被现实残酷地打碎了，书信送出后连一点回音都没有。这导致他心痛病加重，健康状况进一步恶化。

之前所引用的针对北齐宗室的《在北齐与宗室书》，不是表示徐陵家族在北齐成家立业，而是相当于徐陵写给北齐徐姓的名人们的书信。徐陵在这封书信中用笃定的语气写下了以下这样表明心迹的话："迷山之客，迟遥响于岩崖；穷海之宾，望孤烟于洲屿。"[1]江南地区徐氏宗族的瓦解正急速进行着。相较于江南而言，在华北，同姓的人们被视为同族对待，彼此间相互扶助，应该是普遍存在的现象。徐陵对这一现象也寄托了一线希望吧。他在这之前也曾多次送出书信，但是据说常常受到冷遇。"况乃宗均鲁卫，地匪燕吴，车骑相望，舟舻朝夕。三条不远，五达非难，信乃阔然，遂不蒙问。"[2]这一次到底会怎样呢？"劳怀既积，辄命行人，弦望之间，迟枉归翰。倘二三兄弟，能敦昭穆之诗，求我漳滨，幸问刘桢之疾。"[3]"昭穆"是指同族，"漳滨"以及"刘桢之疾"在前文已经解释过了。

徐陵早就抛却作为使臣的矜持和尊严，字里行间毫无顾忌地流露出哀怨之气。徐陵曾经作为人人艳羡的时代宠儿，且犹善轻艳的诗风，为什么在这段时间一篇诗赋都没有流传下来呢？并不是说他的诗作不受欢迎所以没有流传下来，总觉得是因为一些偶然的意外而遗失了这些作品。但是换一个

---

[1][2][3] ［陈］徐陵撰，许逸民校笺：《徐陵集校笺》，中华书局2008年版。

角度来看，谁都不能否认徐陵在北地执笔书写的数则书信凄恻动人，沉痛哀切，余韵袅袅。

梁元帝政权始末

从江陵出发的第一批使臣到达以来，北齐王朝和湘东王萧绎的关系日渐紧密。北齐天保三年（湘东王所用年号是太清六年，552）三月，北齐正式承认湘东王作为梁主。太清六年这一年对湘东王而言是值得纪念的一年。正是在这一年，他成功将侯景的势力从长江下游扫除干净。然而，徐陵的境遇却没有一点变化，他的心情依然无法开朗起来。

徐陵的《与梁太尉王僧辩书》落款带着"太清六年六月五日"的字样，寄给王僧辩将军。在三个月前，王僧辩被湘东王任命为侯景征讨军大都督，在驱逐侯景后，湘东王委任给他主持建康军民两政的权力。此时的建康已成废墟，街道上断壁残垣，满是瓦砾。在"天涯"的"空馆"[1]滞留的徐陵，脑中依然萦绕着荒废的故国以及留在此处的家族。

> 自忝嘉聘，仍属乱离，上下年尊，偏婴此酷。……况乎逆寇崩腾，京师播越，兴居动止，长隔山河。朝夕饘酏，谁经心眼；程粮不继，原粟何资？瞻望风云，晨夕鸣

---

[1]"天涯""空馆"均出自《与梁太尉王僧辩书》，是徐陵落寞孤寂的真实写照。

咽。固乃游魂已谢，非复全生；余息空留，非为全死。同冰鱼之不绝，似蛰虫之犹苏，良可哀也！良可哀也！[1]

"虽然《礼记》中记载，照顾好父母，为了让他们在冬季保持温暖，在夏季保持凉爽，要做好相应的准备，作为子女或者作为儿媳妇还要准备'饘'这样的厚粥，'酏'这样的薄粥，现在山河遥隔千里，盼望赡养尽孝却无法实现。据说王稽作为秦国的使者访问魏国时，因为魏国人范雎有贤才美名，于是带着他一起回到秦国。还有楚国大夫椒举曾因为躲避罪责而逃亡郑国，后来又想从郑国亡命晋国。楚国[2]声子在前往晋国的路上，与旧友椒举班荆而坐，共同饮食，说服了椒举一同回到故国。但对于我来说，访问邺城的湘东王聘使要回去之时，我只能'听别马而长号，杖归旌而永恸'[3]。从流亡之地被召回的齐之管仲、晋之随会以及魏之管宁、王朗等人，他们全都是'物誉时贤，卿门公族'[4]，虽然庸贱的我无法与他们比拟，但话说回来，最初我并不是作为亡命之徒在此处滞留，而是作为光荣的聘使来到这里

---

[1][3][4] ［陈］徐陵撰，许逸民校笺：《徐陵集校笺》，中华书局2008年版。
[2] 日文原文有误，声子为蔡国大夫而非楚国大夫。《左传》襄公二十六年："初，楚伍参与蔡太师子朝友，其子伍举与声子相善也。伍举娶于王子牟，王子牟为申公而亡，楚人曰：'伍举实送之。'伍举奔郑，将遂奔晋。声子将如晋，遇之于郑郊，班荆相与食，而言复故。声子曰：'子行也！吾必复子。'"。见［陈］徐陵撰，许逸民校笺：《徐陵集校笺》，中华书局2008年版。

的！"接连说完这些感慨之语后，书信在结尾处写道："今日憔惶，弥布洪泽。虽复孤骸不返，方为漠北之尘；营魄知归，终结江南之草。孤子徐陵顿首。"[1]

"营魄"是指魂魄。这个典故出自《左传》，且有"结草"之语，意思是死者的魂魄在冥冥之中会报答恩情，这里徐陵是说即使我成为鬼魂，也会报答王僧辩的恩情。王僧辩能够征讨侯景，徐陵作为一名江南的百姓是感激不尽、欢欣无比的，但这还不足以让他生死以报。他写下"虽复孤骸不返，方为漠北之尘"，并不乐观，这是并不期望发生的假设。他凄恻地讲述自己穷困的境遇，希望能引起王僧辩的怜悯之情，运气好的话，返回江南的愿望就能够实现。他希望早一日能活着回到江南，于是他悲伤地诉说着。这样来看，书信结尾的词句并不是支离破碎、自相矛盾的。

话说回来，北齐和梁朝湘东王的关系在平定侯景之乱后变得比以前更加紧密了，使者经常往来于两地之间。相隔遥远的这两股势力，为什么会紧密联结在一起呢？就如同之前所提到的，占据汉水北岸襄阳的岳阳王为了抵挡叔父湘东王，已经向西魏请求援军。从那时开始，看透对方弱点的西魏，开始随心所欲地操纵岳阳王。如此一来，湘东王担心的不再是与北方接壤的岳阳王的关系，而是不得不深深忧虑与其背后存在的西魏的关系。因此，他当机立断，做出了与北齐联手的决定。

---

[1] ［陈］徐陵撰，许逸民校笺：《徐陵集校笺》，中华书局2008年版。

第二章 徐陵——南朝贵族的悲剧

而作为北齐，也应该有充分的理由接近湘东王。最初北魏东西分裂而产生了东魏和西魏，东魏瓦解而建立的北齐，围绕着华北，与西魏的霸权激烈交锋，若西魏的势力在江南发展的话，会影响到华北两国的国力，北齐无法漠然视之。北齐必须援助湘东王来阻止西魏的南进。所以，在北齐和湘东王互相接近的背后，有这样的因果联系存在着。

劝说即位的劝进表从四面八方飞来，向称霸江南的湘东王陆续奉上，其中有一份劝进表记载于《梁书》，是在大宝三年（太清六年，552）八月达到的，这份劝进表题名为"兼通直散骑常侍、聘魏使徐陵于邺奉进表"。考虑到当时各国的关系，这题名就颇有深意。虽说原本徐陵在担任聘使之前在湘东王的幕府中曾出任官员，但他的这份劝进表与其说是徐陵个人的意志，倒不如说是代表了北齐的意志。表中有一句话是"去月二十日，兼散骑常侍柳晖等至邺"[1]，这应该是江陵为了向北齐探询对湘东王是否应该即位的意见而派出的使者。而后北齐支持他即位，并以徐陵的劝进表的形式进行传达。而劝进表中的"何必西瞻虎据，乃建王宫；南望牛头，方称天阙"这句话是特别值得注意的。诸葛孔明称建康城西边的要害石头城为"虎据石头"，而王导则称在建康南方的牛头山（又名牛首山）为"此天阙也"。也就是说，劝进表建议新王朝并不一定要以建康为都城，也可以将都城迁至江陵，由此可以看出北齐的这一

---

[1] ［唐］姚思廉：《梁书》卷五，中华书局1973年版。

提议明显是从自身利益出发的。不言而喻，北齐是希望湘东王把都城设在江陵的，因为这样可以阻止试图沿着汉水南进的西魏势力。

徐陵的劝进表到达江陵的三个月后，在十一月丙子（十二日），湘东王如北齐所希望的一样在江陵即位。湘东王成了梁元帝。他从一开始便将侯景扶植的简文帝朝廷视作伪政权并与之划清界限，从未使用"大宝"这个年号，在父亲梁武帝死后仍继续使用"太清"的年号，到如今即位才改元"承圣"，其意为继承圣天子梁武帝。

然而元帝政权就如预想的一样，从成立之初就是一个难以令人心安的存在。对于他来说，在北方的襄阳，有可以称为西魏桥头堡的侄子岳阳王萧詧；在西方的蜀地，弟弟武陵王萧纪自立为帝，僭用帝号；在南方的岭南有宗室萧勃割据。而在徐陵的劝进表中，却说湘东王威令所及的范围是"东渐玄菟，西踰白狼，高柳生风，扶桑盛日，莫不编名属国，归质鸿胪，荒服来宾，遐迩同福"[1]，这夸张的说法简直是滑天下之大稽。

早在承圣二年（553）四月，武陵王率领的水军以江陵为目标从长江顺流而下。虽然他们攻破了硖口[2]，但兵力空虚的蜀地却被西魏出兵占领。就这样，在北方和西方均被西魏所扼制

---

[1] ［唐］姚思廉：《梁书》卷五，中华书局 1973 年版。
[2] 硖口，今作硖石，是安徽省淮南市下辖区。

的元帝，一直与北齐保持着紧密的联络，而对西魏则装作表面的亲善。到了承圣三年（554），围绕着国境的划定，元帝与西魏突然有了纠纷。元帝派遣使者前往长安要求"据旧图"来定国境，想要对方返还襄阳等领土。然而未料到的是西魏的实权者宇文泰因为使者的言辞悖慢而怒火中烧。"古人有言：'天之所弃，谁能兴之，'其萧绎之谓乎！"[1]他立即把行台仆射、荆州刺史长孙俭从他的任职之所穰城[2]叫来，询问关于江南经略的意见。长孙俭说道："今江陵既在江北，去我不远。湘东即位，已涉三年。观其形势，不欲东下。骨肉相残，民厌其毒。荆州军资器械，储积已久，若大军西讨，必无匮乏之虑。且兼弱攻昧，武之善经。国家既有蜀土，若更平江汉，抚而安之，收其贡赋，以供军国，天下不足定也。"[3]

江陵城受到了五万之众的西魏军的攻击，这是之后不久冬十一月的事情。元帝战败而亡，最终岳阳王萧詧被西魏立为梁王，从襄阳进入江陵。

返回江南

梁元帝政权湮灭后，替代者是后梁王朝。后梁王朝的

---

[1] ［宋］司马光：《资治通鉴》卷一百六十五，中华书局 2011 年版。
[2] 穰城，今河南省邓州市。
[3] ［唐］令狐德棻：《周书》卷二十六，中华书局 1971 年版。

成立标志着北齐外交的失败。北齐想要紧急救援元帝，未果。北齐西南道大行台、清河王高岳在义阳接到江陵陷落的消息后，便转而向南进军，扼住郢州之地，以防止西魏的势力向江陵以东延伸。而后北齐为了和在江南获得足够土地的西魏对抗，企图扶植一个傀儡政权。被指定的人选正是萧渊明。他在彭城之战中被东魏俘虏，和徐陵等人返回江南的要求一直未被满足，就这样拖拖拉拉地过了长达八年的囚虏生活。萧渊明即将被送回建康。他是梁武帝之兄、长沙王萧懿之子，他的正统性并不比梁武帝之孙萧詧差。

于是，徐陵必然会被确定为萧渊明随员中的一人。返回江南是他梦寐以求的愿望，如今竟以意想不到的方式实现了。此时的徐陵年龄已经四十九，额头上布满了深深的皱纹，白色的须发难以计数。虽然在北地过了六年的滞留生活，南归的愿望迟迟未能实现，但最终能活着回到江南，他还算是幸运的。但也有不少人无法分享这份南归的喜悦。比如有一个名叫尹义尚的人，原本是访问邺城的梁朝使臣中的一员，但被北齐强行要求他接替徐陵的工作继续留在北地。徐陵因为这样的机会实现了南归之愿，他一定深深感受到了命运的不可思议吧。

萧渊明一行人从邺城出发，正是江陵陷落后不久的承圣四年（555）正月辛丑（二十日）。一行人再加上北齐的都官尚书兼侍中裴英起，由文宣帝的弟弟、上党王高涣率领的兵马进行护卫。此时，他们的目的地建康及其周围的长江下游区域，这些地方的实际支配者，一个是镇守建康的王僧辩，另一个是镇守京口的陈霸先。他们两人料北齐之机先，以协议的方式从寻阳迎接元帝第九子、晋安王萧方智到了建康。因此，北齐的企图是否能够达成尚未可知，萧渊明一行的前路未必是乐观的。

萧渊明临行之时，文宣帝特意差遣殿中尚书邢子才代自己写了一封书信给王僧辩。信中认为萧方智"年甫十余，极为冲藐，梁衅未已，负荷谅难"[1]，然后又道貌岸然地说道："朕以天下为家，大道济物。以梁国沦灭，有怀旧好，存亡拯坠，义在今辰，扶危嗣事，非长伊德。彼贞阳侯，梁武犹子；长沙之胤，以年以望，堪保金陵，故置为梁主，纳于彼国。"[2]信中的意思是：王僧辩你要准备好船舰出来迎接萧渊明一行人；在此基础上，我们不妨一同对抗西羌（也就是西魏）的侵略，等等。

当南归的一行人到达江南后，开始与王僧辩和陈霸先等对话，说服和胁迫交织着反复进行。还有一封以萧渊明的名义所写的书信，更确切的说是他奉命写的书信，执笔的人正是徐陵。这封书信中虽然落款处是萧渊明的署名，但信中所表露的全部都是北齐的意志，对北齐一直以"大国"相称。在霸者为盟主的春秋时代，弱小国自称"小国"表示卑下，盟主国则被尊崇为"大国"。被大国北齐随心所欲操纵的是

---

[1][2]　［唐］姚思廉：《梁书》卷四十五，中华书局1973年版。

萧渊明，而被吩咐代笔、扮演了一个微妙角色的正是徐陵。

二月乙卯（四日），请求王僧辩再度出迎的书信被送了过来，王僧辩拒绝后，对萧渊明一方回复道："明公倘能入朝，同奖王室"[1]。从此处可以清楚看出王僧辩阻止萧渊明进入建康城的态度。萧渊明一行人在同月甲戌（二十三日）进入谯郡，之后进入寿春并在此处逗留了一段时间。萧渊明从寿春又给王僧辩写了如下内容的书信："今者武皇之子，无复一人，貌是孤孙，还同三叛。"[2]周武王死后，周公辅佐幼小的成王，引起了周公有篡位野心的流言蜚语，周公之弟管叔和蔡叔，和殷纣王之子武庚一起发动叛乱，这次叛乱被称为"三叛"，此处是用来比拟投靠西魏的萧詧。之后一行人继续南下，这一路上，类似内容的书信数量逐渐增加。在同一封信中，跟随上党江南下的湛海珍等人被描述为"咸预戎行，共指乡国"[3]。湛海珍原本是梁朝的东徐州刺史，太清三年（549），他献上全州投降了东魏，依然有若干士卒跟随他。

大体上相同内容的书信也寄给了陈霸先。同时，王僧辩的使者姜皓携带着落款为"一月三十日"的书信到达寿春。王僧辩收到的回信大体意思如下：萧渊明一行人由以湛海珍部为主的大军护卫，这正是为了消除对方的疑虑。因为湛海珍他们是梁朝旧将，不是齐人，手下的士兵也全部都是梁

---

[1]　[宋]司马光：《资治通鉴》卷一百六十六，中华书局2011年版。
[2][3]　[陈]徐陵撰，许逸民校笺：《徐陵集校笺》，中华书局2008年版。

人。上党王高涣奉北齐旨意，虽然不能保证他的要求都能得到满足，但在邻邦尊重友好的基础上，他不会完全无视我们的利益。不管怎样，如果一定要减少护送兵马数量的话，我们会将详细情况传达给驻扎在这里的使臣张种。

萧渊明一行人在寿春滞留了将近一个月，再次开始南下，向东关进军。在东关进行守备的是裴之横。萧渊明向东关派遣使者，反复劝说裴之横不要做无用的抵抗，但是说服未见成效，守军被上党王高涣一击即溃，裴之横战败而死，数千人被俘。这一在三月丙戌（六日）发生的事件令王僧辩大为狼狈。他原本的想法被推翻，随后表示愿意接纳萧渊明。王僧辩亲自前往姑孰，而被派遣到东关的姜皓带来了对外公告的文书："伏愿陛下便事济江，仰藉皇齐之威，凭陛下至圣之略，树君以长，雪报可期，社稷再辉，死且非吝。"[1]之后和姜皓同行的别使曹冲，为向北齐传达恭顺之意，出发前往千里之外的邺城。

从东关萧渊明处发出的回信没几日便到达了。"姜皓至，枉示具公忠义之怀。……今且顿东关，更待来信，未知水陆何处见迎。夫建国立君，布在方策，入盟出质，有自来矣。"[2]这是萧渊明在入京道路上做出的指示，同时要求王僧辩提供人质。"若公之忠节，上感苍旻，群帅同谋，必匪携贰，则齐师反旆，义不陵江，如致爽言，誓以无克，韬旗

---

[1][2]　［唐］姚思廉：《梁书》卷四十五，中华书局1973年版。

侧席。"[1]这是威吓,若王僧辩有二心,或者是食言的话,萧渊明将和北齐的军队一同挺进到长江以南的区域。

王僧辩回复说,他的第七个儿子王显,王显的儿子王刘以及自己弟弟的儿子王世珍,这三个人将被送过来作为质子,又安排了左民尚书周弘正在历阳迎接萧渊明一行人。周弘正是徐陵长子徐俭的岳父。与此同时,王僧辩要求萧渊明即位后将皇太子之位留给萧方智。这个唯一的要求被应允了,萧渊明入京的准备一步步地推进着。王僧辩得知萧渊明率领三千卫士、军马二百匹越过了长江。这个数量超过了必要的数量,引起了王僧辩的警惕。萧渊明辩解道:"江东凋敝,累积寒暄,供膳资储,理当多阙,辄白上党王,止请三千人、二百匹而已。"[2]但最终还是决定减为散兵千人。

五月庚子(二十一日),龙舟和法驾在历阳准备妥当。萧渊明和上党王毁断盟约,并同北齐军分袂而别,翌日辛丑(二十二日),渡江来到历阳对岸的采石。这一日,行舟于长江之上的王僧辩,虽说没有靠近对岸,但警戒的目光密切注视着北齐军的动静。癸卯(二十四日),萧渊明终于进入了建康城,他望着朱雀门恸哭不止。而徐陵也同样泪流不止。萧渊明的即位仪式在三日后的丙午(二十七日)举行。

---

[1] 〔唐〕姚思廉:《梁书》卷四十五,中华书局1973年版。
[2] 〔陈〕徐陵撰,许逸民校笺:《徐陵集校笺》,中华书局2008年版。

陈霸先的登场

萧渊明一即位，王僧辩就被授予了大司马，领太子太傅、扬州牧，将建康西边的军事要地石头城作为府邸。而徐陵则被授予尚书吏部郎，负责起草诏诰。然而萧渊明的政权没有了北齐强力的后援，就如同黑夜中燃起的烟火，虽能绽放光芒，但转瞬即逝。

司空、南徐州刺史陈霸先对王僧辩屈服于北齐强逼的行为怒不可遏，他对左右表达了这样的想法："武帝子孙甚多，唯孝元能复仇雪耻，其子何罪，而忽废之！吾与王公并处托孤之地，而王公一旦改图，外依戎狄，援立非次，其志欲何所为乎！"[1]

这年九月，陈霸先突然在京口举兵。除了他两三个心腹部下外，前往建康的十万大军竟不知道自己的对手是谁。当执行公务的王僧辩察觉之时，陈霸先的军队早已占领了石头城北面的城墙，南面的城门旋即也被攻破。狼狈的王僧辩登上南门的城楼苦苦哀求，然而陈霸先不为所动，威胁要放火烧毁城楼。王僧辩被俘后被绑了起来，立即遭到斩首处决。于是，在十月己酉（二日），萧方智替代萧渊明再次登上皇位，是为敬帝。

陈霸先表面上对北齐称臣，但是可以想见的是，他与

---

[1] ［宋］司马光：《资治通鉴》卷一百六十六，中华书局2011年版。

北齐的关系渐渐地疏远了。北齐的将军王琳将郢州作为大本营，再次出手干涉，企图阻止陈霸先的势力在长江中游延伸壮大。而后王僧辩的女婿杜龛在吴兴举兵，陈霸先为了讨伐杜龛等人向东南一带出击。趁着这个机会，谯秦二州刺史徐嗣徽和南徐州刺史任约袭击了建康，占据了石头城。徐嗣徽是梁的将军，却一直谋求归顺北齐，而任约本来是跟随侯景渡江而来的武将。不出所料，这两个人举兵后受到了北齐全面的援助，不仅有粮草兵马的补给，还有北齐武将源源不断地加入战斗。不久双方达成和议，徐嗣徽等人收兵撤退。第二年，即绍泰二年（556），北方十万大军再次南下渡江。此时，曾经伴随着萧渊明南归的裴英起所率领的北齐军立于正面，徐嗣徽军以及任约军则早已沦为微不足道的陪衬。

　　在这些混乱的日子中，我们的徐陵是如何度过的呢？他在王僧辩被杀时，"感僧辩旧恩"[1]，投奔到任约的阵营。然而最终当陈霸先以建康为舞台与北齐战斗并取得战争的胜利时，徐陵并没有以投敌之罪被问责，陈霸先反而授予他贞威将军、尚书左丞，并命其负责文檄军书的起草。这一年的初秋，在号召北齐广陵城主辛术停战的书信中有这样的话：江南由于北方的武力而被蹂躏的时代终结了，这不是很难能可贵的事情吗？无论徐陵被赋予怎样的职责，当前他必须完全摆脱以往的立场来撰写这些文书，但他内心一定能痛苦地感

---

[1] ［唐］李延寿：《南史》卷六十二，中华书局1975年版。

受到命运多舛吧。

同一年，徐陵再次被派遣出使北齐。一是北齐的局势逐渐稳定，二是他的知己在北地也多有所存，这也是他再次北上更主要的原因。但是对陈霸先而言，将原本萧渊明的辅臣送还，这个辅臣还是作为我的使臣派往北齐，难道不觉得他这是悄悄地在炫耀吗？但对于徐陵而言，必须说这是破除廉耻感的仪式。在《梁书·敬帝纪》的太平二年（557）四月己卯（十一日）这一条中，记载着"齐遣使请和"[1]。即陈霸先顶住了北族的重压，获得了和议的成功。在这起事件前后，他扫荡了岭南的萧勃，紧接着于十月乙亥（十日）在建康南郊即皇帝位，他就是史上所称的陈武帝。在梁陈改朝换代之际，奉命起草"禅授诏策"的人依旧是徐陵。

南朝的黄昏

新诞生的陈朝让人感到具有与之前的南朝诸政权完全不一样的性格。梁和陈之间的关系，给人的感觉与其说是延续，倒不如说是完全改头换面了。陈朝并不同于一直以来以贵族为基础的南朝诸政权，而是以地方豪强为基础建立起来的政权。对于地方豪强，《陈书》卷三五的史臣论中，姚思廉写道："梁末之灾沴，群凶竞起，郡邑岩穴之长，村屯邬壁之豪，资

---

[1] ［唐］姚思廉：《梁书》卷六，中华书局1973年版。

剽掠以致强,恣陵侮而为大"[1]。以侯景之乱为契机,在没有政府没有正规军防卫的江南各地区,自然而然成立了自卫性质的军事集团,地方豪强正是这些集团的统领者。

陈霸先出自吴兴陈氏,可以判断这个陈氏也是土豪军事集团之一。陈霸先的青年时代,恰逢梁武帝统治下的太平盛世,于是对他在这一时期的活动,史书有这样的记载:"少俶傥有大志,不治生产。既长,读兵书,多武艺,明达果断,为当时所推服。"[2]这简直就是一个在太平盛世中期待乱世的血气方刚的青年形象。但是,据说他最初来到建康担任的职务是油库吏,其社会地位非常微贱。太清二年(548)陈霸先监始兴郡事,在任上他有着和始兴的"豪杰"们合力图谋讨伐侯景的"义举",他跃升成大军阀的第一步就是在这个时候跨出的。彼时,侯安都、张偲等人率领千余人来投奔陈霸先。侯安都被称为"邑里豪雄",而且在徐陵执笔的《司空徐州刺史侯安都德政碑》中对当时的情况有如下的描述:

> 自羯虏侵华,群蛮纵轶,衡皋桂部之地,四站五达之郊,群境贤豪,将谋御难。长者金论,推公主盟,义士雄民,星罗雾集。[3]

---

[1] [唐]姚思廉:《陈书》卷三十五,中华书局1972年版。
[2] [唐]姚思廉:《陈书》卷一,中华书局1972年版。
[3] [陈]徐陵撰,许逸民校笺:《徐陵集校笺》,中华书局2008年版。

不久陈霸先沿着赣水而下，在太清五年（551）八月，与湘东王萧绎所派的侯景征讨军的大都督王僧辩在长江岸边的溢城会面，此时的他已经是有"杜僧明等众军及南川豪帅合三万人"[1]跟随着了。杜僧明是最早就跟随陈霸先的武将。南川在赣水流域，陈霸先沿着赣水而下，其行军所到之处，有"豪帅"也就是地方豪强不断加入战斗队伍，因此他的军事集团便成长了起来。陈王朝诞生后，土豪阶层在社会和政治方面的崛起令人瞩目。

另一方面，作为陈霸先竞争对手的王僧辩可不仅仅是个武将，传言他出身自名门太原王氏。王僧辩在讨平侯景镇守建康后，各处就出现了"衣冠"的身影，他们争先恐后地来巴结他。虽说这只是当时一种很常见的现象，但贵族阶层支持王僧辩而不是陈霸先是毋庸置疑的。同时可以认为，在侯景之乱中，贵族阶层这个旧势力的地位衰落了。徐陵显然是旧势力中的人物，所以他和王僧辩有着很紧密的联系。据说，在陈王朝成立后，徐陵邀请王僧辩的"故义"之人，也就是曾经接受过王僧辩恩义的人们，举行了王僧辩的葬礼。前文提到的徐陵的弟弟徐孝克的落魄遭遇，虽然和兄长相比程度有所不同，但这却是所有贵族命运的共通点。他们所支持的王僧辩，在北齐的强压下屈服了。驱逐北齐干涉势力的正是以陈霸先为核心而集结起来的地方豪强阶层的力量。

---

[1] ［唐］姚思廉：《陈书》卷一，中华书局1972年版。

尽管如此，为什么徐陵会再次被陈霸先所起用呢？而且为什么他还能在至德元年（583）七十七岁去世之前所剩的后半生中，仕武帝、文帝、废帝、宣帝、后主五代帝王，历任尚书仆射、侍中、中书监等显要官职？他身上具有的贵族教养、贵族风格可以为新兴的王朝装点门面，在这一点上，他被新的统治者认为仍然是具有某种利用价值的。已故冈崎文夫博士所著的《魏晋南北朝通史》中这样说道："一直以来在南朝进行的改朝换代行为每每有这样的惯例，必要时需要名门望族给予声援来为新王室正名。而在陈朝建立的过程中，没有遵循这个惯例，而且通览《陈书》列传，除了出使北齐的徐陵一人以外，所记载的大多数人物都是从武将中提拔上来的。事实上在侯景之乱中，南朝第一名门王氏一族全部亡故，其他名门大多逃遁到他乡。可以想象，建康名门望族的衰亡让王朝的更替成为最容易实现的事情。"这样的叙述稍微有些偏颇，因为就王氏一族也好，其他名门望族也好，以及他们周围的人，在《陈书》列传中都有记录。但是从整体上来看，冈崎文夫博士所说的内容还是正确的。若是借用川胜义雄的表述，陈朝对贵族们寄予厚望的是他们在通晓典章制度方面的学识。（《关于南朝贵族制度没落的考察》）他们失去了社会性的政治实力，早已不复昔日的面貌了。东晋构筑了江南贵族社会的基础，而东晋谢安和郗昙的墓在这个时代屡次被开掘就是江南贵族社会崩塌最鲜明的象征。后来，贵族们连精神上的矜持也逐渐失去了。

第二章　徐陵——南朝贵族的悲剧

徐陵在陈朝极为显贵，但这并不是他自己选择的人生。他由北齐返回江南后，又被王僧辩、任约、陈霸先重用，而实际上，每次权力加身，都是他又一次被利用了。在某些情况下，虽然是被利用了，但他凭借自己的才华和能力，化被动为主动，甚至能反过来影响和驾驭对方。然而，对于徐陵来说，他似乎深刻地感受到了"天定胜人"的命运的力量。他在陈朝任吏部尚书期间，也就是天康元年（566）到太建元年（569）这段时间所写的《答诸求官人书》中有以下内容，给人留下了深刻的印象："皇朝官爵，理系玄天，内典谓之为业，外书称之为命。……若陟大位清官，悉由玄命；夫人军实用，并是前缘。"[1]在这篇文章里，徐陵表示人类的努力可能无法对抗天命或业缘，他的这种信念是显而易见的。

在南朝的黄昏中，徐陵所展示出来的，依然是一种昂然而立的贵族姿态。

---

[1]　[陈]徐陵撰，许逸民校笺：《徐陵集校笺》，中华书局2008年版。

第三章

后梁春秋
——一个苟延残喘的傀儡王朝的历史

江陵的陷落

西魏柱国大将军于谨所率领的军队穿过汉水流经的广阔平原，以梁元帝萧绎定为都城的长江中游的江陵城为目的地进发。军队的人数有五万，但对外宣称十万。府兵制是当时创设不久的军队组织形式。这支军队是由府兵编队而成的精锐军，而鲜卑人于谨原本以万纽于为姓，是位于府兵组织顶层的"六柱国"之一。不久后，于谨到达了樊城，萧詧急忙从汉水对岸的襄阳赶来，和于谨进行了最后的和谈。西魏所扶持的梁王正是萧詧。一切就绪，势在必行。萧詧得到了西魏的援军，终于成功讨伐了叔父梁元帝。

这一日是西魏恭帝元年（梁元帝承圣三年，554）冬十月丙寅（十三日），于谨对元帝的文武百官发布了檄文：

> 告梁文武众官：夫作国者罔弗以礼信为本。惟尔今主，往遭侯景逆乱之始，实结我国家以邻援，今忽背德，党贼高洋，引厥使人，置之堂宇，傲我王命，扰我边人。我皇帝龚天之意，弗敢以宁，分命众军，奉扬庙略，凡众十万，直指江陵。[1]

高洋正是与西魏争夺华北霸权的北齐文宣帝。在此之前，西魏的使臣和北齐的使臣在江陵意外相遇时，据说元帝对待西魏的使臣很敷衍。

此时，江陵的元帝是如何度过每一天的呢？梁朝的百官每天被召唤到龙光殿中集合，在他们面前，元帝亲自登上高座，讲授《老子》。尚书左仆射王褒受令捧着经书。"道可道，非常道，名可名，非常名"，元帝大声朗读《老子》文本。"这里的意思是这样的……"元帝开始解释起来。最早发现西魏军进攻的是武宁太守宋均[2]，尽管他将此事报告了江陵，但完全没人理会。于谨的檄文到达之时，元帝才停止讲经，对内外发布了戒严令。但是此时前往石梵[3]侦察的使者回来禀报说："境上帖然，前言皆儿戏。"[4]元帝马上又开始讲经，

---

[1] ［宋］李昉等：《太平御览》卷三百○四，中华书局1960年版。
[2] 宋均应为"宗均"。见［宋］司马光：《资治通鉴》卷一百六十五，中华书局2011年版。
[3] 石梵，在今湖北省天门市东南。
[4] ［宋］司马光：《资治通鉴》卷一百六十五，中华书局2011年版。

百官们暂时仍穿着戎装，再次列席听讲。

但是，侦察的使者前往石梵打探消息，是基于纵使西魏军来袭也必然是乘坐舰船沿汉水而下这个错误的预判而进行的。但是西魏军的主力并不是水军。西魏步兵和骑兵的精锐从襄阳横穿满目荒凉的旷野，屠戮武宁之后，大将军宇文护和同样是大将军的杨忠占领了位于江陵东南的江津戍，为的是切断元帝和东方也就是长江下游的联络。事到如今，元帝也不得不承认西魏军进攻这个事实。他首先下令领军将军胡僧祐为都督城东城北诸军事，尚书左仆射王褒为都督城西城南诸军事，命令王公以下诸人在每个要害之地进行守备。这是十一月乙酉（三日）的事。

两天后的丁亥（五日），西魏军的身影早已出现在江陵城前面。局势的发展全都如于谨当初所预想的一样。从关中出发的时候，在西魏的实权者宇文泰于青泥谷举行的送别宴上，当荆州刺史长孙俭问起萧绎那边将如何迎战西魏军的进攻时，于谨回答道："耀兵汉、沔，席卷渡江，直据丹杨，上策也。移郭内居民退保子城，峻其陴堞，以待援军，中策也。若难于移动，据守罗郭，下策也。"[1]子城即内城，是宫城和官厅所在地。罗郭即外城。长孙俭进一步问道："揣绎

---

[1] ［宋］司马光：《资治通鉴》卷一百六十五，中华书局2011年版。

定出何策？"[1] "下策。"[2] "何故？"[3] "萧氏保据江南，绵历数纪，属中原多故，未遑外略；又以我有齐氏之患，必谓力不能分。且绎懦而无谋，多疑少断。愚民难以虑始，皆恋邑居，所以知其用下策也。"[4]

　　果不其然，江陵城的守卫采用的阵形就是于谨所说的"下策"。守军在外城四周蜿蜒六十余里的范围内都设置了栅栏，而且因为一个援军都没来，所以数量有限的梁军不得不在这么大的守卫范围内疲于奔命，这无异于白白地消耗战斗力。在这样的情况下，丁酉（十五日），城内的一处发生了火灾，数千户民居和数十座城楼被焚毁，城内愈加混乱了。这天夜里，元帝偷偷离开宫城投宿到平民家中，之后又辗转于祇洹寺、长沙寺、天居寺，最后又回到长沙寺居住，这是他内心极度怯懦、不安的证据。此刻，他与外部的联络完全断绝，城外全是西魏军的旗帜，而且不时会有西魏军用箭射进来劝降的书札。有一封书札里这样写道：

　　今者行兵，不贪城隍土地，不贪子女玉帛，志存救弊，济此生民，广访民人，择善而立。梁朝士庶尚未相

---

[1] ［宋］司马光：《资治通鉴》卷一百六十五，中华书局2011年版。
[2][4] 此为于谨回答。见［宋］司马光：《资治通鉴》卷一百六十五，中华书局2011年版。
[3] 此为长孙俭问。见［宋］司马光：《资治通鉴》卷一百六十五，中华书局2011年版。

领解，蚁聚穷城，寂无求问，寻此异卜，良用到感。[1]

西魏军的总攻在次月（十二月）甲寅（二日）开始了。胡僧祐率领的孱弱的军队毫无战斗力，他也在督战时中流矢而亡。不久从西门蜂拥而进的西魏军很快控制了外城。元帝和皇太子、王褒等人一起退入内城，固守金城（金城大概是宫城的雅称）。就这样，元帝再次回到了一度被他舍弃的宫城中。城破身死似乎就在眼前。他觉得应该把王僧辩叫来，于是提笔给他写信："吾忍死待公，可以至矣！"[2]书信由使者携带，急送至建康，但想来是远水难救近火了。而北齐西南道大行台、清河王高岳所率领的援军还无法到达。元帝藏在东阁竹殿内不肯现身。就是在这天夜里，他下令巡逻的高善宝放火烧毁了藏于此处的十四万卷古今图书。熊熊烈火包裹着梁王朝历代相传，也有可能是蒐集不久的无比珍贵的文化遗产，这无异于一场烧尽世界的劫火。元帝突然想要投身于火中，被宫人们扯住袖子拦了下来。元帝手握吴越宝剑击柱叫喊："萧世诚一至此乎。"[3]"文武之道，今夜尽矣！"[4]世诚是元帝的字。

不久，恢复平静的元帝终于下令起草投降文书。近侍之臣中有人劝说元帝赶紧混入黑夜之中，突破包围，投靠在江

---

[1] ［宋］李昉等：《太平御览》卷三百二十八，中华书局1960年版。
[2][3][4] ［宋］司马光：《资治通鉴》卷一百六十五，中华书局2011年版。

陵城南码头岸边布下战阵的任约援军。不擅长骑马的元帝并不理睬:"事必无成,只增辱耳。"[1]投降文书送过去后,对手就提出需要重要人质的要求,于是王褒作为人质前往于谨的帅营。于谨给了王褒纸笔,后者竟然写下了"柱国常山公家奴王褒"[2]。柱国常山公就是于谨。王褒在元帝政权下极为显贵,无人与之匹敌,而且诗文享有盛名,有着很多令人赞叹的佳话。

最终元帝也骑着白马,身穿素衣从东门出来。西魏的士兵一拥而上,将他的双手绑住。到达白马寺时,元帝的白马被夺,换成了驽马,被强壮的胡人带到了于谨处。元帝被迫对于谨行了跪拜礼,遭到了坐在于谨身边的元帝侄子萧詧的一通谩骂。第二天是乙卯(三日),从这一天开始,元帝被软禁在金城的主衣库[3]中,他酗酒作诗度日,所赋之诗成了他的绝唱。今日所流传下来的他的四首诗中,第三首是这样写的:

松风侵晓哀,
霜雰当夜来。
寂寥千载后,
谁畏轩辕台![4]

---

[1][2] [宋]司马光:《资治通鉴》卷一百六十五,中华书局2011年版。
[3] 主衣库是当时储藏皇帝服舆、宝物、仪仗的地方,相当于后世的"内库"。
[4] [唐]李延寿:《南史》卷八,中华书局1975年版。

元帝被处死，是在十二月辛未（十九日），承圣三年还剩下数日未满。萧詧让尚书傅准监督行刑。元帝死后，萧詧将被土囊压死的叔父的尸体用布帊（也就是六尺六幅的帛）包裹着，再卷上蒲席，扎上白茅，葬在了江陵城南津阳门外。

西魏朝改立三十六岁的萧詧为梁朝天子。后梁王朝就这样诞生了。

不利长子

萧詧，字理孙，梁武帝之孙，是作为《文选》编者而闻名后世的昭明太子萧统的第三子。站在萧詧的立场上，他在一生中遭遇的左右命运的决定性事件必然是他父亲的早逝。昭明太子在世人的无限哀伤惋惜中，中大通三年（531）过完了三十一岁的人生。"及薨，朝野惋愕。京师男女，奔走宫门，号泣满路。四方氓庶，及疆徼之民，闻丧皆恸哭。"[1]此时，萧詧十三岁，可以说正是多愁善感的少年。

据《梁书》昭明太子传记载，梁武帝和太子的关系，直到太子去世，始终是父慈子孝的美好的父子关系。太子写得一手好文，其小字叫"维摩"，与小字名实相符的是他活着时笃信佛法。梁武帝对太子寄予厚望。而且，太子为人极为孝谨，临终之时仍然顾及父皇的感受，下令不要让父皇知晓

---

[1]　［唐］姚思廉：《梁书》卷八，中华书局1973年版。

自己病危。然而出人意料的是，如果翻阅《南史》《梁书》昭明太子传的这些记述似乎是值得怀疑的。《南史》中记载着一件有点不同寻常的事情，就是普通七年（526），因丁贵嫔的死而引发的事件，事件的大概经过如下：

太子生母丁贵嫔薨逝时，按例应由太子来选定墓葬的场所。此时正好有人拜托宦官俞三副帮忙卖地。如果能以三百万钱卖掉的话，会进献其中的一百万钱作为给俞三副的谢礼。俞三副想都没想，立刻就去觐见梁武帝说："太子所得地不如今所得地于帝吉。"[1]梁武帝完全被他迷惑了，买下了这块土地，并赏赐给太子用来埋葬丁贵嫔。然而太子在勘察这块土地时，有一位擅长风水之术的道士出现在太子面前，说道："此地不利长子。"[2]所谓的"不利长子"，针对的是太子，还是太子的长子呢？这句模棱两可的话体现的正是这位道士的高明之处！不管怎样，这肯定是个不吉利的预言。太子在道士的指导下，将厌胜（也就是与祛除厄运的巫术相关的东西）埋在墓的一侧。然而这件事被东宫小太监鲍邈之偷听到了。他正因为太子最近把宠爱转移到另一个小太监魏雅身上而心生怨恨，因此向梁武帝告密道："雅为太子厌祷。"[3]梁武帝派人悄悄挖开丁贵嫔的坟墓一看，果不其然，蜡制成的鹅首先映入眼帘，接着一个个奇怪的物件都被挖了出来。梁武帝大为惊讶，认为这是太子企图杀死自己而

---

[1][2][3] ［唐］李延寿：《南史》卷五十三，中华书局1975年版。

进行的巫蛊行为。梁武帝虽然想彻查事件的缘由，但因为有人极力劝谏，最后仅仅只是诛杀了看风水的道士了事。

《宋书》《齐书》《梁书》《陈书》是南朝四个王朝各自的断代史，而《南史》作为南朝的通史，则热衷于记录这种秘事秘闻。这也是《南史》更多取材于稗官小说的原因之一。上文的"蜡鹅厌祷"事件就是这样，在外人看来属于真伪难辨的宫闱秘事。而且《南史》的撰者李延寿不是以南朝而是以北朝为正统的人，因此他对梁朝毫不客气，也敢于将相关的故事记载下来。此外，李延寿对上文"蜡鹅厌祷"事件的结果这样写道："太子迄终以此惭慨。"[1]太子与父皇之间的情感出现了裂痕。之后李延寿总结道："故其嗣不立"[2]，最后的事实似乎也验证了这一点。那就是当太子薨逝后，作为太子的嫡长子，萧詧的长兄、南徐州刺史萧欢被召回国都建康。按照萧欢的预想，他认为自己将会被指定为新的皇位继承人，并对此深信不疑。然而，萧欢在国都滞留数个月后就返回了驻地京口，而皇太子被指定为昭明太子的同母弟、晋安王萧纲。道士"不利长子"的预言，其含义不正与太子的夭折和萧欢的贬废相合吗？从太子的死到新太子的确定需要一个月以上的时间，梁武帝对自己没有立太子嫡长子为皇太子有着深深的懊恼，而且他知道自己的这个决定必然会遭到世人的非议和指责。为了尽量减少这些负面影响，梁武帝

---

[1][2] ［唐］李延寿：《南史》卷五十三，中华书局1975年版。

将昭明太子的诸皇子们都分封到封户三千的大郡为王,这是分封中的特例。比如萧欢就从华容县公一举成为了豫章郡王,萧誉从枝江县公改封河东郡王,而萧詧从曲江县公改封岳阳郡王。接到改封诏书的时候,萧詧"流涕受拜,累日不食"[1],可见当时这位少年心中有很多感触。

大同四年(538),萧詧被授予东扬州刺史。此为会稽的民政长官。会稽以"难治之区"而闻名,作为其长官,具备强硬的手腕和丰富的经验是必不可少的,这对于刚刚完成元服的年轻人来说属于越级提拔,也是梁武帝格外关爱他的表现。但是他从孩提时期就栽种在心里的对祖父的不信任感,早已根深蒂固,是不管受到怎样的越级拔擢都无法治愈的。再加上梁武帝的太平盛世已经长达四十年,梁朝早就失去了曾经的清新风气,逐渐呈现出颓废的景象。不久后,萧詧悄然来到了会稽这个地方。他似乎期待着某些事情的发生。"梁武帝衰老,朝多秕政,有败亡之渐,遂蓄聚货财,交通宾客,招募轻侠,折节下之。其勇敢者多归附,左右遂至数千人,皆厚加资给。"[2]这些轻侠无赖之徒,正是萧詧所期待的"士为知己者死"的私兵。但是同时,他们能够得到活跃的机会并不限于会稽一地。不知不觉八年的时间过去了,中大同元年(546),萧詧担任持节都督雍州等诸军事、西中郎

---

[1] [唐]李延寿:《南史》卷五十三,中华书局1975年版。
[2] [唐]令狐德棻:《周书》卷四十八,中华书局1971年版。

将、宁蛮校尉、雍州刺史。他带着这批轻侠无赖之徒，一起向着位于汉水中游的新任所襄阳出发了。

龙跃之基趾

从襄阳出发，沿着汉水逆流而上，很快就能到达关中。襄阳是直面北朝侵犯并实行防卫的第一线的军事重镇。在此处驻扎着精锐的大梁军团，而且可以源源不断地收到通过长江以及汉水运到的武器、粮食等补给。关于萧詧的前任者，史书有"以雍为边镇，运数州之粟，以实储仓"[1]的记录。梁朝派出的多次以异域北方为目标的远征军，都是从襄阳出发的。而此处也屡次成为叛乱的温床，充满野心的军事势力从这里向国都建康进发。半个世纪前，萧衍为了推翻南齐王朝建立新王朝，他最初采取行动的地方正是襄阳。若根据萧詧本人的表现来看，获得赴任具有"既川岳之形胜，复龙跃之基趾"[2]（《愍时赋》）的襄阳的机会，他的内心定然是惊喜交加的。在他心中蓄积的野心逐渐成形，之后膨胀得越来越大。为了实现野心，他要做好充分的准备，最重要的就是笼络民心。萧詧就任后所颁发的政令，在尊重民意的基础上一扫此前的恶政，同时还显示了严格依照法律进行统治的

---

[1] ［唐］姚思廉：《梁书》卷二十二，中华书局1973年版。
[2] ［唐］令狐德棻：《周书》卷四十八，中华书局1971年版。

决心。在他的笔下，体现出了与他二十八岁的年龄不相符的成熟与谦逊：

> 吾以陋识，来牧盛藩。每虑德不被民，政道或紊。中宵抚枕，对案忘饥，思纳良谟，以匡弗逮。雍州部内有不便于民，不利于政，长吏贪残，戍将懦弱，关市恣其衷刻，豪猾多所苞藏，并密以名闻，当加厘正。若刺史治道之要，弛张未允，循酷乖理，任用违才，或爱狎邪佞，或斥废忠謇，弥思启告，用祛未悟。……并广示乡闾，知其款意。[1]

"关市"即税关和市场，此句所表达的意思是可以举报税关、市场掌管人的剥削行为，这就是在标榜商人保护的政策，这与当时的襄阳不仅是军事重镇也是数一数二的商业城市有关。为了保证军需用品调配到位，四通八达的水路的要冲成了物资的集散地，各地商人云集于此，呈现出一片繁荣热闹的景象。在民间歌谣《乐府》中有一组叫作《襄阳乐》的诗歌，吟咏了在襄阳这个舞台上活跃的商人们的情感和生活。其中有一首是这样写的：

> 朝发襄阳城，

---

[1]　［唐］令狐德棻：《周书》卷四十八，中华书局1971年版。

第三章 后梁春秋——一个苟延残喘的傀儡王朝的历史

暮至大堤宿。

大堤诸女儿,

花艳惊郎目。[1]

南朝商人中有不少和北朝有贸易往来。萧詧也很热衷于和异域通商。从548年到550年,贺兰祥作为西魏荆州刺史在穰城任职。从他的列传中可以看到以下的记载:"州境南接襄阳,西通岷蜀,物产所出,多诸珍异。时既与梁通好,行李往来,公私赠遗,一无所受。梁雍州刺史、岳阳王萧詧,钦其节俭,乃以竹屏风、绤绤之属及经史赠之。"[2] 虽然襄阳和穰城之间存在国境,但两者仅仅相距七十公里左右。总之,通过保护商业或者奖励和北朝通商,萧詧从商人处获得其献纳的不菲的营业税,必定会成为他用来豢养从会稽带过来的以及在襄阳新招募的"轻侠"和"宾客"所需要的资金。

太清二年(548)冬十月,江南风云突变。转眼之间,高举叛旗的侯景军攻陷建康,将自梁武帝以下的百官和国都的百姓都包围在了台城内。治理江陵的梁武帝第七子、湘东王、荆州刺史萧绎,领受了持节都督荆雍湘司郢宁梁南北秦九州诸军事的头衔,下令他所管辖的诸州出兵。在军事上应该隶属叔父萧绎指挥的萧詧只是将水军交由司马刘方贵率

---

[1] [南北朝]徐陵编:《明小宛堂本玉台新咏》,国家图书馆出版社2018年版。
[2] [唐]令狐德棻:《周书》卷二十,中华书局1971年版。

领，派遣他前往汉口。然而萧绎并不接受，多次派遣使者前去襄阳催促萧詧亲自领兵出战。在这种情况下，萧詧干脆装聋作哑，选择避而不答。他真切感受到了江南现在突然之间进入了乱世。他一直悄悄期待着乱世的到来，他就像一个看热闹的人，在冷眼旁观祖父梁武帝和侯景之间的战斗，根本无动于衷。比起其他任何事情，为要到来的明天做好准备才是最重要的，所以连一兵一马的损失自己也必须避免。仅仅是维持目前的实力还不够，自己要想留在襄阳，还必须让实力进一步巩固。对于现在的他来说，最应该提防的对手只有萧绎。作为襄阳的使者，咨议参军蔡大宝去了一趟江陵。他一回到襄阳，就向萧詧说道："湘东必有异图，祸乱将作，不可下援台城。"[1] 这番话进一步触动了萧詧。

当然，萧绎对萧詧也存有戒备之心。荆州是长江中游的大藩，其治所江陵也是西府军团的屯驻地，因此萧绎的声威凌驾于其他人之上。但是荆州紧邻北方，雍州刺史萧詧专心于扩大自身势力，对萧绎而言，萧詧完全是一个令人胆寒的存在。而且位于荆州南边湘州，其刺史此时正驻在长沙，正是萧詧的二哥河东王萧誉。虽然萧绎所领受的头衔表示他是这两位侄子在军事上的指挥官，但是那仅仅是在坚守王朝体制的情况下才有效，如今萧詧拒绝出征就是最明显的证据，表明萧绎已经失去了对他们的实际控制权。若萧誉和萧詧两

---

[1] ［唐］李延寿：《北史》卷九十三，中华书局1974年版。

人协同行动,可以预测他们的第一个攻击目标百分之百会是江陵。同样,萧绎也和萧詧一样不愿意离开治所江陵。虽然他迫不得已离开了江陵,但是他还是停留在郢州武城[1]来观望形势,未必想前往建康。此时一通书信寄到萧绎手中。在张缵呈上的书信中有以下这样的话:"河东(萧誉)起兵,岳阳聚米,共为不逞,将袭江陵。"[2]

在此之前,身为湘州刺史的张缵接受转任雍州刺史的命令,他的继任者、将要坐镇长沙的正是河东王萧誉。交接过程中,张缵将对方视作后辈,很是轻慢,而当时官职的新旧交替是非常重视礼节的,因此萧誉甚是激愤。张缵以交接事务未完成为借口一直滞留在湘州,期间两个人一次面都没见过。就这样过了几个月,当侯景举兵的消息传来时,萧誉的态度一下子变得咄咄逼人。感到身处险境的张缵,在几个月后的某个夜晚,趁着天黑终于成功逃到了城外。他一度步行前往雍州,但是此处的长官不是别人,正是萧誉的弟弟萧詧,他坚决不同意刺史的更迭。不久张缵乘轻舟转向江陵,在萧绎出征前呈上书信。大约在同一时间,萧绎从江陵游军主朱荣处得到了以下内容的报告:"桂阳住此,欲应誉、詧。"[3]

---

[1] 武城,位于今湖北省武汉市黄陂区东南。
[2] [唐]姚思廉:《梁书》卷五十五,中华书局1973年版。
[3] [唐]令狐德棻:《周书》卷四十八,中华书局1971年版。

"桂阳"是指桂阳王、信州刺史萧慥。此时，萧慥应该加入了侯景征讨军，带领着一些水军停泊在江陵郊外的江津。

此时正好是太清三年（549），包围台城的侯景军队和建康政府之间达成了和议。和议不久就被侯景单方面毁弃暂且不论。萧绎从对建康支援的义务中解放出来，因为船底穿洞兵粮沉底，他惊慌失措地返回了江陵。他不由分说地斩杀了萧慥。对于萧誉，他从江陵派出咨议参军周弘直，要求萧誉将"粮众"也就是粮草和兵员的管理权交给周弘直。萧誉以"各自军府，何忽隶人"[1]来回敬并拒绝。这又再次确认了萧绎军事统帅的头衔名不副实。

这一年七月，萧绎终于向长沙派遣军队，萧誉向萧詧告急。不久后，长江中游汉水和湘水一带，将成为南梁诸王子手足相残的大舞台。此时台城已然陷落，梁武帝驾崩，而由侯景扶植的简文帝萧纲即位，梁王朝处于濒临瓦解的状态。

附　庸

在此之前，萧詧派遣司马刘方贵带领水军前往汉口，刘方贵并不赞同主公的想法，悄悄与萧绎联络，约定袭击襄阳城。当对情况并不知晓的萧詧命令刘方贵返回时，刘方贵怀

---

[1]　[唐]姚思廉：《梁书》卷五十五，中华书局1973年版。

疑是自己的阴谋泄露了，立即占据了襄阳对岸的樊城，举起了反叛的旗帜。萧詧对樊城发起了进攻，刘方贵向江陵寻求援助。萧绎把张缵送到了襄阳，表面上是让他作为雍州刺史赴任，实际上却让张缵带着大量的士兵、武器、粮草。但是当张缵前进到襄阳南方的大堤处时，樊城已经陷落，刘方贵被斩杀。尽管如此，可能是胆子大，也可能是缺乏考虑，张缵还是进入了襄阳城，与萧詧会面，并向对方展示了一年前拜领的命令。显而易见的是萧詧并没有让出雍州的军政和民政大权。如今梁朝有名无实，朝廷政令的价值，不过是区区一张纸而已。萧詧表面上赠予张缵厚礼，并将他安置在城西的白马寺，但对萧绎所要求的自己和张缵交换身份的命令完全不予理睬。

一日，张缵接受了一名男子的拜访。这名男子是任职州助防的杜岸。说起杜氏，那可谓襄阳数一数二的名门望族。一通寒暄之后，杜岸对张缵说："民观岳阳殿下，势不仰容。不如且往西山，以避此祸。使君既得物情，远近必当归集。"[1]

张缵毫不犹豫地接受了他的意见。约定之日到来，借着夜色掩护，张缵男扮女装，乘坐用青布覆盖的马车前往西山。走了很久，正疑惑间，黑暗中似乎看到了杜岸派来的军队的身影，张缵稍感放心了点。但转眼杜岸的军队就消失

---

[1] ［唐］令狐德棻：《周书》卷四十八，中华书局1971年版。

了，他被人从车上拽了下来。张缵的双手戴上了枷锁，被带到了萧詧面前。他大哭求饶，并当场剃光头发以求留下自己的性命。

一直苦于被萧绎军队攻击的湘州刺史萧誉，派出急使去向萧詧求助。使者马不停蹄，终于到达襄阳。在征讨侯景之际，虽然萧詧领兵出了襄阳，但仍命令蔡大宝留守城内。为了一举攻破萧绎的大本营，萧詧率领三万步兵和一千骑兵转而向江陵进发。和尚模样的张缵也跟随在军队后面。萧詧从尚未摆放木栅栏的江陵城北面进行攻击，大惊失色的萧绎派遣使者来斥责萧詧说，侄子攻击叔叔，这是大逆不道的行为。萧詧不甘示弱地回击："家兄无罪，累被攻围。同气之情，岂可坐观成败。七父若顾先恩，岂应若是。如能退兵湘水，吾便旋旆襄阳。"[1]

萧绎的抵抗颇为顽强，萧詧只好暂且退兵，扎营休整。可能是天佑萧绎，一场突如其来的大雨倾盆而下，平地积水有四尺，这让萧詧军寸步难行，士气大为受挫。更致命的是将军杜岸以及他的弟弟杜幼安、外甥杜龛等人竟然一齐投降了萧绎。叛变的杜岸很快便率领着五百骑兵，从小道直取襄阳。萧詧的母亲龚氏命令留守襄阳的蔡大宝迎战，并派人火速前往萧詧的驻地报告情况。这种形势下，撤退是唯一的选择。于是萧詧整顿军队后北撤，在路上，粮草、金帛、兵器

---

[1] ［唐］令狐德棻撰：《周书》卷四十八，中华书局1971年版。

都被扔入了溳水中,张缵则因为是行军的累赘而被杀。知道萧詧率军归来的杜岸向东逃窜,跑到其兄杜巘所在的广平,萧詧军穷追不舍,一举攻占广平,抓住了杜巘、杜岸,以及他们的母亲、妻子、儿女,他们全部都被带到襄阳城北门处决,鲜血染红了这里。特别是对待杜岸施加了极其残忍的刑罚,拔了他的舌头,在他的脸上施加鞭刑,他被大卸八块放入釜中蒸煮。而且,除了年幼者以及关系疏远的被处以腐刑外,只要与杜岸有血缘关系的亲族全部被诛杀,甚至还掘了他父亲和祖父的坟墓,焚烧其遗骸,并将骨灰扬弃。虽然萧詧让襄阳名族杜氏受到如此侮辱,但他的声威不仅没有大震,反而适得其反,声望大为受损,好不容易积累起来的势力,其内部也因此生出了裂隙。杜氏一族中杜岸的叔叔杜崱,以及杜岸的哥哥杜君锡,以及侄子杜映、杜晰等人率领着"部曲"(即私兵)数百人离开。杜岸恐怕也是"部曲"的统领者,因为只有统领者才能被萧詧授予将军的资格。本来那些成为"部曲"统领者的地方豪强与萧詧之间的合作基础只有一样东西——信义,现在萧詧把他们之间唯一的纽带亲手斩断了。

恰好在此时,萧绎命令柳仲礼袭击襄阳,一万军队开始北上。柳氏是不亚于甚至胜过杜氏的襄阳名门望族。柳仲礼一族在襄阳幕府中的在籍人数不可胜数,若是他们一齐反叛响应柳仲礼的话,萧詧的势力就将从内部瓦解,这一点是明摆着的。萧绎特地选择柳仲礼作为袭击襄阳的总督,可能就是趁着萧詧歼灭杜氏之后其内部出现动摇而使的另一个计谋。虽然多少取得了一点战果,但是萧詧对凭借自己的力量打败柳仲礼却没有信心,毕竟柳仲礼在建康担任的可是和侯景军战斗的朝廷援军的都督。萧詧搔胸挠头,烦闷挥之不去。这段时间,危机正在向他逐步靠近。他终于下定决心:向西魏朝请求援军。他知道这完全是一场豪赌。

给萧詧带去明确答复的,是宇文泰的使者荣权,他一到达襄阳,协议立即就缔结了。萧詧的夫人王氏和世子萧嶚刚被送往长安,西魏开府仪同三司杨忠的军队就到达了南边的国境。杨忠是之后隋朝创立者杨坚的父亲。然而萧詧心中反而逐渐不安,又再一次烦闷起来。这次自己请求西魏出兵,不正是给了他们侵略江南一个不错的借口吗?他觉得自己这样的忧虑害怕不是没有道理的。这样的忧虑害怕,同时也包围着萧詧的叔父邵陵王萧纶。萧绎军将萧誉围困在长沙时,担心事态失控的萧纶给弟弟去信,表达了立即停战的想法:"弟若苦陷洞庭,兵戈不戢,雍州疑迫,何以自安,必引进魏军,以求形援。侯景事等内痈,西秦外同瘤肿。直置关中,已为咽气,况复贪狼难测,势必侵吞。"[1]

萧纶很早就担心萧绎、萧詧叔侄相争最终会促使萧詧请求西魏援助,从而进一步招致西魏对江南的"侵吞"。

杨忠的军队至多不过两千骑兵,到达樊城后,他们换掉

---

[1] [唐]姚思廉:《梁书》卷二十九,中华书局1973年版。

军旗继续进军。萧詧在襄阳的城楼上望见了他们,认为杨忠这支军队总人数可达三万之众。他被吓破了胆。在此之前,他一直为将来感到不安,要不要和魏军翻脸不认账呢?这样的想法在他心中一闪而过。如今,他似乎已被西魏军队的气势所压倒,原来的想法已经被吓得烟消云散,他彻底顺服了。

西魏的两千骑兵颇为剽悍。他们首先攻取了襄阳东南的随郡,接着席卷了一个又一个城戍,推进到了安陆。柳仲礼在这里将家族托付给了长史马岫,让他在此守备。西魏军中有不少人主张在柳仲礼军队返回前迅速攻下安陆城,杨忠却阻止他们说:"攻守势殊,未可卒拔。若引日劳师,表里受敌,非计也。南人多习水军,不闲野战。仲礼回师在近路,吾出其不意,以奇兵袭之,彼怠我奋,一举必克,则安陆不攻自拔,诸城可传檄而定也。"[1]

西魏的精锐骑兵踏着朦胧的月色,衔枚疾走,在安陆西北二十里的淙头与柳仲礼军遭遇。先头部队在杨忠的督战下击败了对方,俘虏了柳仲礼及其下属的几乎所有士卒。之后几日内,如杨忠所言,安陆和竟陵诸城一个接一个投降了。虽然这些城市并非归属萧詧,如今却不得不全部归入西魏领地。杨忠领兵继续南下,目标直指江陵城。狼狈的萧绎送上了"载书",也就是盟约,西魏以石城为国境的南界,梁划定安陆为国境的北界,同时将王子萧方略送出作为人质。鉴

---

[1] [唐]令狐德棻:《周书》卷十九,中华书局1971年版。

于萧绎这种卑微和逊的态度，杨忠终于从漅水撤军回国了。

不久，关于是否赐予萧詧梁王之位，西魏内部出现了争议。西魏的野心深不见底，他们想要将萧詧作为傀儡利用。萧詧婉转地拒绝了西魏让自己做梁王的建议。一直逗留在襄阳的西魏使者荣权只好回长安复命，传达了萧詧的意向。宇文泰并不在乎萧詧的想法。于是荣权持节再次出使襄阳，不容分说地为萧詧举行了仪式，册封萧詧为梁王。徒有其名的百官组织也整备完毕。若是使用西魏的年号，此时是在大统十六年（550）的三月或者四月。之后，萧詧就一直处在西魏具有绝对优势的武力护卫中。与其说是护卫，倒不如说是监视，萧詧做什么事情都是不自由的。

这一年五月，得知兄长萧誉在萧绎军队的攻击下战败而亡时，萧詧连出兵的自由都没有。就西魏而言，对他们没有好处的事是绝对不做的。而当初梁派出朝贡使前往长安的途中，在西魏荆州的治所穰城曾遇到这样的事情：在仪仗整齐排列的衙门前，容貌颇为魁伟身穿戎服现身的刺史长孙俭，声如洪钟地说着鲜卑语。在汉族人耳中，鲜卑语中似乎只能听得懂"偻罗，偻罗"。"偻罗"即"鸟语"，是鸟的语言的拟态词，对于使臣们来说完全理解不了"鸟语"的含义。长孙俭大声说着使臣们完全听不懂的语言，而使臣们十分畏惧他，连头都不敢抬。这天夜里，在别斋举行的宴会上，穿着裙襦和纱帽登场的长孙俭，滔滔不绝地表达着南朝的丧乱和西魏的招揽之意。长孙俭原本的姓是跋跋，据说是来源于北魏王室拓跋氏的旁支，虽然原本是鲜卑人，但他在日常交流中使用的是汉语。他这次特地用鲜卑语，其实是一场别有用心的表演。长孙俭接待使臣们的态度，代表了西魏对萧詧的态度，而使臣们在长孙俭面前畏惧的姿态，也可以说代表了萧詧在西魏面前的姿态。

在第二年，大统十七年（551），萧詧亲自前往长安。西魏文帝仅仅是形式上的天子，是完全听命于实权者宇文泰的。宇文泰对萧詧说道："王之来此，颇由荣权，王欲见之乎？"[1] 萧詧道："幸甚。"[2] 不一会儿荣权来到两人面前，宇文泰进一步说道："荣权，吉士也，寡人与之从事，未尝见其失信。"[3] 萧詧道："荣常侍通二国之言无私，故詧今者得归诚魏阙耳。"[4]

再说与萧詧敌对的叔父萧绎，后来将侯景的势力从长江下游驱逐出去，瞬间声望高涨。北齐天宝三年（552）的十一月，萧绎在江陵继承了梁朝的帝位，改元承圣，是为元帝。萧詧获得西魏朝的后援。与其说是后援，倒不如说是西魏强行授予了他梁王之位。起先萧詧是被江南诸势力拥戴的，但是从元帝政权成立之后，萧詧的政权就成了名不正言不顺的存在。西魏的压迫力越来越大，萧詧已经完全沦为其附庸。552年，西魏攻占了今天湖北省和陕西省交界处的上津和魏兴，并在此处设置东梁州，紧接着汉中的南郑也被

---

[1][2][3][4] ［唐］令狐德棻：《周书》卷四十八，中华书局1971年版。

攻陷,到了553年,蜀地全域都归西魏所领属。承圣三年(554),元帝根据旧地图要求重新划定国境,没想到却引发了冲突,就是前文所述的,于谨率西魏军控制了江陵,萧绎最终以悲惨的结局收场。

壮心不已

萧詧现在就是建都在江陵的梁朝天子了。此时萦绕在他心中的是什么呢?由于江陵的陷落意外而迅速,所以战事爆发之初这里很难看到被战争破坏的痕迹,几乎可以称得上是"完璧",但是战争结束时,此处已被西魏军队的野蛮行径和疯狂掠夺所席卷。在刘宋时期制作的浑天仪和梁朝制作的日晷铜表等各种各样南朝诸王朝的宝物都被运到了关中,除此之外,以尚书仆射王褒为首的元帝政府的百官们也被绑架到了北方。从前身处江南的王褒将想象中塞北苦寒的情景用乐府体《燕歌行》来吟咏,自元帝以下大多数文人所唱和的众多作品也极尽凄切,如今,他们曾经吟咏的地方成了包围他们的现实环境。《颜氏家训》的作者颜之推也是俘虏中的一员,他在《观我生赋》中这样写道:"牵疴痾而就路,策驽蹇以入关。"[1]这两句描述的正是当时发生的事情。根据自

---

[1] [唐]李百药:《北齐书》卷四十五,中华书局1972年版。

注,"时患脚气"[1],据说他采取了一些特别的治疗措施,还被戏称为"官疲驴瘦马"。西魏军队的野蛮行径持续不断。除了百官以外,据说数万(也有的说是十数万)男女百姓被鞭子驱策北行,宛如牲口,队伍络绎不绝,连绵数百里。到达长安后,他们被分赐给了将士们作为奴婢。虽然幼弱者因为不能劳动而避免了成为奴隶,但这可不代表西魏的宽仁——他们一个个地被杀掉了。

萧詧只能对西魏军所犯下的罪行保持沉默。因此,他的臣下尹德毅慷慨激昂地劝谏道:

> 臣闻人主之行,与匹夫不同。匹夫者,饰小行,竞小廉,以取名誉。人主者,定天下,安社稷,以成大功。今魏虏贪惏,罔顾吊民伐罪之义,必欲肆其残忍,多所诛夷,俘囚士庶,并为军实。然此等戚属,咸在江东,念其充饵豺狼,见拘异域,痛心疾首,何日能忘!殿下方清宇宙,绍兹鸿绪。悠悠之人,不可门到户说。其涂炭至此,咸谓殿下为之。殿下既杀人父兄,孤人子弟,人尽雠也,谁与为国。但魏之精锐,尽萃于此。犒师之礼,非无故事。若殿下为设享会,因请于谨等为欢。彼无我虞,当相率而至,预伏武士,因而毙之。分命果毅,掩其营垒,斩馘逋丑,俾无遗

---

[1] [唐]李百药:《北齐书》卷四十五,中华书局1972年版。

噍。江陵百姓，抚而安之，文武官寮，随即诠授。既荷更生之惠，孰不忻戴圣明。魏人摄息，未敢送死。王僧辩之徒，折简可致。然后朝服济江，入践皇极，缵尧复禹，万世一时。晷刻之间，大功可立。古人云："天与不取，反受其咎，时至不行，反受其殃。"愿殿下恢弘远略，勿怀匹夫之行。[1]

但是，萧詧对尹德毅的劝谏完全无动于衷，小声嘟囔着回答："卿之此策，非不善也。然魏人待我甚厚，未可背德。若遽为卿计，则邓祁侯所谓人将不食吾余也。"[2]

当初楚文王接近邓国之时，公卿们认为毫无疑问这个人将会毁灭邓国，不如干脆将他杀掉。为了制止这些愤怒的公卿们，邓祁侯说道："人将不食吾余。"（《左传·庄公六年》）这是邓祁侯为了不再被人们排斥而被迫采取的措施。

萧詧现在作为梁朝的天子，年号也确定为大定，立生母龚氏为皇太后，夫人王氏为皇后，第三子萧岿为皇太子，形式上非常完备。如果萧詧从心底里认为这些都西魏的殊遇，那他的见识就太过浅薄了。他对尹德毅所说的话恐怕并不是他的真心话，是对自己无助的自嘲，还是自我说服的话语呢？恐怕只有他自己清楚。萧詧对西魏称"臣"，除了被迫奉西魏为正朔，他还被安置在江陵东城，因为在西城驻守着

---

[1][2] ［唐］令狐德棻：《周书》卷四十八，中华书局1971年版。

由江陵防主指挥的属于西魏的"助防"军队。所谓"助防",是"外示助䂮备御,内实兼防䂮也"[1]的意思。数年后,江陵防主改称江陵总管。之后西魏还下令萧詧从襄阳移驻江陵,西魏的意图是打算截断萧詧与经过他数年经营扶植起来的襄阳土著势力。可以说萧詧已经成了无依无靠、居无定所的士族子弟。柳霞身为襄阳的名门望族,曾经是萧詧得力的心腹之一,他巧妙地拒绝了与萧詧同行前往江陵,他说:"陛下中兴鼎运,龙飞旧楚。臣昔因幸会,早奉名节,理当以身许国,期之始终。自晋氏南迁,臣宗族盖寡。从祖太尉、世父仪同、从父司空,并以位望隆重,遂家于金陵。唯留先臣,独守坟柏。常诫臣等,使不违此志。今襄阳既入北朝,臣若陪随銮跸,进则无益尘露,退则有亏先旨。伏愿曲垂照鉴,亮臣此心。"[2]

柳霞就这样留在了襄阳。不久进行了改朝换代,当西魏改为宇文氏的北周朝时,柳霞再次除去冠上的尘土,佩戴了印绶。不过他又让自己十个孩子之一的柳庄出仕于后梁朝廷。这么做是为了能够在未来得到命运女神的眷顾,在这个不确定的乱世中生存下去,这可以说是他处世的智慧。

随着时间推移,萧詧越发切身体会到自己只不过是个傀

---

[1] [唐]令狐德棻:《周书》卷四十八,中华书局1971年版。
[2] [唐]令狐德棻:《周书》卷四十二,中华书局1971年版。

儡。"恨不用尹德毅之言，以至于是。"[1] 有时他口中会这样小声嘟囔。他在酩酊大醉时，常常会扬起眉毛，挥动胳膊，高唱曹操创作的雄浑的歌行：

> 老骥伏枥，
> 志在千里。
> 烈士暮年，
> 壮心不已。
>
> （《步出东西门行》[2]）

东晋早期曾起兵作乱的将军王敦，他在感觉自己快要离世时，也是一边敲击痰壶，一边朗诵这些句子，来抒发自己的忧愁。但是站在王敦的角度来看，虽说他没有取得最后的胜利，但"壮心"已经充分燃烧尽了。而站在萧詧的角度来看又会怎样呢？"壮心"仅剩反复空转，苦闷和焦躁不停堆积，最后重重地沉入心底，徒留神经的兴奋。据说萧詧距离女子数步，就能闻到其"体臭"，觉得恶心想吐，若是与女子同床共枕就会卧病在床长达几个月。如果看到女子露出的头发，他会莫名地感到愤怒。他的这些苦闷和焦躁，能从

---

[1] [唐]令狐德棻：《周书》卷四十八，中华书局1971年版。
[2]《古诗纪》和《魏武帝集》作"步出东西门行"，《初学记》作"出夏门行"，《晋书》拂舞歌作"碣石篇"，《乐府诗集》《广文选》同。《宋书·乐志》作"步出夏门行"。日文原文所引诗题也许出自《古诗纪》或《魏武帝集》。

《愍时赋》中完全窥见:"又见邑居残毁,干戈日用,耻其威略不振,常怀忧愤。乃著《愍时赋》以见意。"[1]前文已说明了这篇赋的创作动机,现将其部分内容摘录如下:

嗟余命之舛薄,实赋运之逢屯。既殷忧而弥岁,复坎壈以相邻。昼营营而至晚,夜耿耿而通晨。望否极而云泰,何杳杳而无津。[2]

虽然萧詧一直在慨叹自己命运的不幸,但他这一生最终的成就如其赋中所述:

昔方千而畿甸,今七里而盘萦。寡田邑而可赋,阙丘井而求兵。无河内之资待,同荥阳之未平。夜骚骚而击柝,昼孑孑而扬旌。烽凌云而迥照,马伏枥而悲鸣。既有怀于斯日,亦焉得而云宁。[3]

这几句的意思是说,古之王者将王城作为中心,中心周围千里之地叫作王畿,或者也叫作甸服,而包围自己的仅仅是七里的城郭。所谓七里,是基于典故,用诗歌的夸张手法来表达,萧詧实际所占据的,他想要支配的,最多不过是江陵城周边三百里的土地。而能用来课税和征兵的

---

[1][2][3] 〔唐〕令狐德棻:《周书》卷四十八,中华书局1971年版。

土地和村落也十分紧缺。对后汉的光武帝而言,作为其势力范围腹地的河内郡,没有可以与之相比的区域,而江陵与楚汉战争时期楚军粮道被断从而陷入毁灭性危机的荥阳城很相似。这里一到日落就有人敲击着令人厌烦的、在夜晚起警示作用的木栎,白天则一直高高飘扬着军旗。烽火直冲云霄,炯炯火焰照亮了周围,厩舍里整齐排列的马匹悲鸣着。对那些日子的感怀涌上心头,萧詧无法获得心中的平静。他的心如此激昂,这份激昂中必然有成就王者之业的梦想。但是这个梦想立刻被惨烈的败北的感觉击碎了。

余家国之一匡,庶兴周而祀夏。忽萦忧而北屈,岂年华之天假。[1]

事已至此,萧詧想用对佛教的信仰来稍微安抚一下自己荒凉孤寂的灵魂。据说他著有《华严经》《般若经》《法华经》《金光明经》等经典的义疏,共四十六卷,从这一点来看,他与祖父梁武帝、父亲昭明太子是一脉相承的。他对佛教的关心是从很早之前开始的,主政会稽的时候就写有长篇作品《游七山寺赋》,晚年的他特别喜欢念诵的是《法华经》。有一日,萧詧叫住度支尚书宗如周,出其不意地问道:"卿何为谤经?"[2]宗如周不知道他这一问是什么意思,只能心里

---

[1][2]　［唐］令狐德棻:《周书》卷四十八,中华书局1971年版。

暗自慌张。原来在《法华经·随喜功德品》中，有提到"闻经随喜，面不狭长"，这里萧詧只不过是戏弄长了一张马脸的宗如周，并没有其他意思。对萧詧而言，他并非只是对《法华经》感兴趣，他对《法华经》是有明确的信仰的。《法华经》是他人生的精神支柱。例如，当私通萧绎的一位臣子甄玄成的罪行暴露时，萧詧特地赦免了他，因为对方不断地念诵《法华经》。据说萧詧将不能杀掉念诵《法华经》的人作为信条。

北周保定二年（而按照后梁的年号则是大定八年，562）二月，萧詧驾崩。"遂以忧愤发背而殂。"[1]萧詧死后，谥号为宣帝，《周书》中有他的传。皇太子萧岿即位，改元"天保"。

百兽率舞

陈朝守卫西边的安西将军、湘州刺史华皎突然归附萧岿，这是发生在天保六年（567）四月的事情。陈朝是在这一事件的十年前，即在侯景之乱后的混乱中以长江下游为大本营于557年诞生的南朝第四代王朝。萧岿作为"臣"并不敢怠慢，立即将此事向北周朝廷报告。北周武帝宇文邕决定支援华皎，除了命令荆州总管即江陵总管权景宣率领水军沿

---

[1] ［唐］令狐德棻：《周书》卷四十八，中华书局1971年版。

着长江而下，还下令柱国陆通以及大将军田弘、元定率领陆军南下，并委托襄州总管、卫国公宇文直作为总指挥。萧岿也授予柱国王操二万水军，并让他和华皎在巴陵会面。但是在临近汉口的沌口发生的战争中，被陈军打败，华皎以及宇文直仓皇逃往江陵。权景宣应该负有战败的全部责任。为什么呢？因为他的傲慢招致北周将士的消极应战。但是事后权景宣只是卸任了荆州总管一职，将所有的罪责都归于后梁的柱国殷亮一人身上。萧岿并没敢提出异议，只能含着泪将殷亮斩杀。

第二年即天保七年（568），乘胜追击的陈军逼近江陵，并引长江之水来攻城。萧岿委托江陵副总管高琳和王操留守，他和替代权景宣成为江陵总管的田弘一起前往江陵城北十余里的纪南城避难。之后在天保九年，萧岿遭到由章昭达率领的陈军的袭击，陷在青泥中的多数船舰被烧毁。北周在远离江陵、沿长江而上的西陵峡南岸的安蜀城部署战阵。北周兵粮的运送依靠长江上的绳索传递，绳索被挂在用苇草编织的吊桥上，陈军在舟橹上加上长戟，再用长戟切断绳索，因此断绝粮道的安蜀城很快就陷落了。萧岿和江陵总管陆腾向襄州总管宇文直告急，于是大将军李迁哲奉命领军驰援江陵，终于击退了陈军。

天保十年，已经成为后梁司空的华皎在前往北周入朝的途中，临近襄阳时与宇文直进行了会面，并说了以下这些话："梁主既失江南诸郡，民少国贫。朝廷兴亡继绝，理宜资赡，岂使齐桓、楚庄独擅救卫复陈之美。望借数州，以裨梁国。"[1] 他的这个要求可不是异想天开，北周很干脆地答应了，把江陵北边连着的基州、平州、郚州[2]这三州赐予了后梁。这是基于北周王朝统治者的自觉，或者是对后梁很好地抵挡了陈军的攻击的褒奖？都不是，这是北周将江南的统治和防卫的一部分职责转移给了后梁朝廷，想让自身的负担多少减轻一些。此时，比起江南的问题，更让北周武帝操心的是东方的北齐。

北齐第五代皇帝后主高纬即位之初，突然露出了衰亡的迹象。士大夫们被迫远离政治，佞幸者、宦官以及西域出身的胡商们蛀蚀着政权的中枢，毫无斗志的后主沉迷于每天一戏之费达巨万的享乐中。在这种情况下，趁着梁末混乱而获得的江淮领土也因抵抗不住陈军的大反攻而放弃。佞幸者们吹嘘道："本是彼物，从其取去"[3]，而且又对不安之情已溢于言表的后主说道："假使国家尽失黄河以南，犹可作一龟兹国。更可怜人生如寄，唯当行乐，何用愁为！"[4] 龟兹是西域的一个小国。佞幸者中间有不少是西域出身的胡人。于是后主更加沉湎于酒色，一边弹奏胡琵琶一边吟唱《无愁曲》。因此，在民间他有"无愁天子"之名。这必然导致国

---

[1]　[唐]令狐德棻：《周书》卷四十八，中华书局1971年版。
[2]　基州，今湖北省钟祥市南；平州，今四川省武胜县；郚（ruò）州，今湖北省荆州市荆州区。
[3][4]　[宋]司马光：《资治通鉴》卷一百七十一，中华书局2011年版。

库空竭,为了填补国库,政府为卖官鬻爵大开方便之门,结果上至州郡县的长官,下至其僚属,大部分都是富商大贾。民心的离反已经昭然若揭。

北齐的这些情报都通过密探准确地带到了北周武帝处。而比起这些情报,令他更加高兴的是,一个搅乱敌国内部的反间计竟然轻而易举地实现了,敕勒族出身的北齐名将斛律光成为了政治斗争的牺牲品。原来,曾在战场上被斛律光痛击的北周将军韦孝宽,将一首歌谣通过间谍悄悄地在北齐都城邺城传播:"百升飞上天,明月照长安。"[1]以及"高山不推自崩,槲树不扶自竖。"[2]不知何故,邺城的街道上这首歌谣爆炸般地流行起来。大家争相吟唱着:"盲眼老公背上下大斧,饶舌老母不得语。"[3]这首歌谣本是由毫无意义的歌词罗列,经不住推敲的,但是对斛律光的政敌们而言,这首歌谣恰好成为了扳倒对方的工具。因为"百升"是"一斛",被理解为"斛律光";还有"明月",是斛律光的字;"高山"不言而喻是指北齐王室高氏,"槲树"是指斛律氏;"盲眼老公"是指盲眼的宰相祖珽;而"饶舌老母"正是指后主的乳母陆令萱,她被赐予女侍中之位,在宫廷中作威作福。歌谣的意思就是斛律光将替代高氏登上天子之位,其威光照亮周围,还要去除祖珽和陆令萱之辈。斛律光立即被捕并处死。"斛律明月齐朝折冲之臣,无罪被诛,将士解体,

---

[1][2][3] 〔唐〕李百药:《北齐书》卷十七,中华书局1972年版。

周人始有吞齐之志。"[1]建德四年（575），北周武帝随即下诏亲征北齐。

不料周武帝却在行军途中患病，不得不班师回朝。同一年，他再次率领十万大军向东方挺进。军队从黄河出发沿着汾水前进，首先攻陷了晋州，接着占领了北齐最大的军事重镇晋阳，转而挥师东南，迫近邺城。后主让位于年仅八岁的长子，自称太上皇，逃向山东附近，并企图向陈朝逃亡，但却无法摆脱北周军队的穷追猛打，最终被俘。进入邺城的北周武帝追赠斛律光上柱国之位，并说："此人若在，朕岂能至邺？"[2]此时正是建德六年二月。合并北齐后的北周，获得了全新的五十五州、一百六十二郡、三百八十五县、三百三十余万户、两千余万人口。

捷报传到了江陵，萧岿为了道贺，立即千里迢迢赶往邺城。但是现在已经成为华北霸主的北周武帝，仅仅是将他作为江南的一个附属国君主，明显看不起他。一天，萧岿说起他的父亲萧詧从武帝父亲宇文泰处得到的实际上微不足道但也还算连绵不断的"天恩"，才造就了周梁两国时至今日亲密的关系。说完，他眼中有大滴的泪水流下。武帝也唏嘘不已。自这日开始，两人之间就像朋友一样经常来往。几天后，在一次酒宴中，武帝指着同席的北齐侍中叱列长义说

---

[1] ［北齐］颜之推：《颜氏家训·慕贤第七》，国家图书馆出版社2021年版。
[2] ［唐］李百药：《北齐书》卷十七，中华书局1972年版。

道:"是登陴骂朕者也。"[1]萧岿答道:"长乂未能辅桀,翻敢吠尧。"[2]萧岿将北齐后主比作夏桀,将北周武帝比作尧帝。武帝放声大笑。宴会达到高潮时,武帝命人取来琵琶,说道:"当为梁主尽欢。"[3]开始弹奏琵琶。"梁主乃能为朕舞乎?"[4]武帝停住弹琴的手问道。"陛下既亲抚五弦,臣何敢不同百兽。"[5]萧岿立即起舞。

武帝愈发喜笑颜开。《礼记》乐记篇里写道:"舜作五弦之琴以歌南风。"还有在《尚书》舜典篇中,记载着作为舜帝的乐官夔的话语:"於!予击石拊石,百兽率舞。"石是指石头制作的乐器磬。将武帝和圣王尧舜同列,武帝的心情肯定不差。离开邺城的萧岿除了得到各色丝织物一万段、良马数十匹,还被赐予了北齐后主所蓄养的妓妾。在回江陵的归途中,萧岿只要经过古迹便驻马赋诗,抒发感想。一路上他所作的诗歌竟然达三十首,但遗憾的是一首都没有流传下来。

松筠之节

吞并北齐的北周武帝,如今是一个心怀统一天下梦想的人。但是平定北齐的第二年,也就是宣政元年(578),在征服江南的陈朝之前,他在讨伐蒙古平原上的霸主突厥的途

---

[1][2][3][4][5]　[唐]令狐德棻:《周书》卷四十八,中华书局1971年版。

第三章 后梁春秋——一个苟延残喘的傀儡王朝的历史 161

中意外地病倒了，返回了长安，医治无效病逝，终年三十六岁。他在遗诏里说："将欲包举六合，混同文轨。今遘疾大渐，气力稍微，有志不申，以此叹息。"[1]

他表达了功业未就、满心不甘的想法。"六合"是指天地以及四方的宇宙。"文轨"是指文字和车轨。"混同文轨"是一统天下之意。《周书·武帝纪》中还有以下的记载："破齐之后，遂欲穷兵极武，平突厥，定江南，一二年间，必使天下一统，此其志也。"[2]

接替志未竟而英年早逝的武帝的是宣帝宇文赟。比起社稷的安泰，宣帝更看重个人的享乐，与其说他是实际上的天子，倒不如说他只是在形式上被尊为天子。很快，在即位的第二年，二十一岁的宣帝以让位给七岁的皇太子宇文衍，自称天元皇帝，宇文衍即静帝。宣帝无视皇后只能有一位的礼制，干了件突发奇想的事情，册立了五位皇后。他在此后的第二年，即大象二年（580）五月驾崩。宣帝身边的近臣秘不发丧，并以天元皇帝的名义下诏，命令随国公、大前疑杨坚全权负责朝政，都督朝廷内外诸军事。杨坚是杨忠之子，还是宣帝五位皇后之一的杨皇后的父亲。杨坚篡夺北周的野心朝野皆知，他的强硬作风引发其他许多同僚的不满。六月，相州总管尉迟迥在邺城举起叛旗。因为尉迟迥的母亲是宇文泰的姐姐昌乐大长公主，他与北

---

[1][2] ［唐］令狐德棻：《周书》卷六，中华书局1971年版。

周王室有着亲戚的关系。举兵之际，尉迟迥的征讨檄文是这样写的：

> 杨坚以凡庸之才，藉后父之势，挟幼主而令天下，威福自己，赏罚无章，不臣之迹，暴于行路。吾居将相，与国舅甥，同休共戚，义由一体。先帝处吾与此，本欲寄以安危。今欲与卿等纠合义勇，匡国庇人，进可以享荣名，退可以终臣节。卿等以为何如？[1]

阅罢檄文的将士们痛哭流涕，表示要同心协力讨伐杨坚。尉迟迥的侄子青州总管尉迟勤也支持伯父。军队之众合十万人。相州总管和青州总管威令所及的范围以旧北齐领地为中心。举兵后，尉迟迥们所持的反杨坚的态度和新征服地的人们对于长安的抵抗达成了一致。担任尉迟迥参谋的是北齐高官崔遏之子崔达拏，除此之外，还有很多齐人被起用。尉迟迥北通突厥，南联陈朝，对杨坚而言正是棘手的对手。被尉迟迥所刺激，当年七月和八月，静帝皇后之父郧州总管司马消难、武都的益州总管王谦也相继起兵。司马消难的大本营与江陵距离最近。萧岿的周边立即风声鹤唳起来。

在江陵的将军们中间，有一种主张甚嚣尘上，他们认

---

[1] ［唐］令狐德棻：《周书》卷二十一，中华书局1971年版。

为这是后梁摆脱北朝控制的一个好机会，可以席卷"山南"，从而为后梁屈辱的历史画上终止符。"山南"是指终南山、太华山的南边，一直延伸至汉水流域。杨坚第一时间察知了江陵相关的消息。碰巧此时柳庄作为后梁的使者正在访问长安，临近归国，于是被杨坚召见。杨坚说道："孤昔以开府从役江陵，深蒙梁主殊眷。今主幼时艰，猥蒙顾托，中夜自省，实怀惭惧。梁主奕叶重光，委诚朝廷，而今已后，方见松筠之节。君还本国，幸申孤此意于梁主也。"[1]这样一番话，就将对方的手牢牢握住了。柳庄是前文所提到的柳霞的儿子。最初柳氏对后梁和北朝采取观望的态度，如同小心翼翼的虎斑地鸫那样。不久，返回江陵的柳庄将杨坚的话如实甚至有几分添油加醋地进行了传达：

> 昔袁绍、刘表、王凌、诸葛诞之徒，并一时之雄杰也。及据要害之地，拥嗥阚之群，功业莫建，而祸不旋踵者，良由魏武、晋氏挟天子，保京都，仗大义以为名，故能取威定霸。今尉迥虽曰旧将，昏耄已甚，消难、王谦，常人之下者，非有匡合之才。况山东、庸、蜀从化日近，周室之恩未洽，在朝将相，多为身计，竞效节于杨氏。以臣料之，迥等终当覆灭，隋公必移周

---

[1] ［唐］魏征、令狐德棻：《隋书》卷六十六，中华书局1973年版。

国。未若保境息民，以观其变。[1]

萧岿深以为然，对将军们所倡导的冒险主义置之不理。此后的形势发展真如柳庄所言。首先是司马消难亡命陈朝，尉迟迥也对抗不了杨坚所派遣的精锐强大的军队，在举兵后的六十八日即被击溃消灭。紧接着王谦也被灭。一扫反对势力的杨坚夺取了北周，成为了隋文帝。此时已进入新的一年，581年的二月。萧岿对柳庄说道："近者若从众人之言，社稷已不守矣。"[2]

"吾君其不反矣！"

隋朝成立之初，其与后梁的关系与前代相比改善了不少。隋文帝即位的开皇元年（581），下赐萧岿金五百两、银千两、布帛一万匹、马五百匹。萧岿为了答礼立即前往长安。端丽的衣裳也好，优雅的举止也好，隋文帝可以看到他身上全是南朝文化的精粹，对他投以热切的目光。萧岿的地位被定为比王高一等。这一次萧岿滞留长安月余，在他归国之际，隋文帝特地在浐水岸边设宴送行。此后隋文帝还时不时下赐萧岿巨额的钱物。开皇二年，萧岿的一位皇女被隋文帝的二皇子，即晋王杨广，也就是日后的炀帝迎娶为妃。这

---

[1][2] ［唐］魏征、令狐德棻：《隋书》卷六十六，中华书局1973年版。

件事定下来的时候，独孤皇后对隋文帝说道："梁主通家，腹心所寄，何劳猜防也。"[1]隋文帝觉得言之有理，于是废除了江陵总管，允许萧岿的后梁进行"专制"。为了巩固、加深两朝的联系而南北奔走的又是柳庄，他在长安和江陵往来了四五次，从隋文帝那儿带回了许多奖赏。

开皇四年（584），萧岿再次出访长安。这一次隋文帝又在灞水送行，他紧紧握着对方的手，说道："梁主久滞荆楚，未复旧都，故乡之念，良轸怀抱。朕当振旅长江，相送旋反尔。"[2]不言而喻，这些话有征服陈朝的意思。但是萧岿并没有见到隋文帝"振旅长江"，在天保二十四年（即开皇五年，585）的五月，他走完了四十四年的人生，被追谥为明帝。他平时佩戴着的金装剑与他的临终上表，一同呈奏给隋文帝。在上表里，他表达了对隋朝深深的感激之情。表文最后以此作结："遗嗣孤藐，特乞降慈。伏愿圣躬与山岳同固，皇基等天日俱永，臣虽九泉，实无遗恨。"[3]

就如同萧岿的遗愿一样，隋朝下令让孤藐的遗嗣萧琮即位，年号改为"广运"。而后隋文帝下赐玺书，内容如下：

负荷堂构，其事甚重，虽穷忧劳，常须自力。辑谐内外，亲任才良，聿遵世业，是所望也。彼之疆守，咫尺陈人，水潦之时，特宜警备。陈氏比日虽复朝聘相

---

[1][2][3]　［唐］魏征、令狐德棻：《隋书》卷七十九，中华书局1973年版。

寻,疆埸之间犹未清肃,唯当恃我必不可干,勿得轻人而不设备。朕与梁国,积世相知,重以亲姻,情义弥厚。江陵之地,朝寄非轻,为国为民,深宜抑割,恒加饘粥,以礼自存。[1]

这封玺书从字面上看仿佛是父亲对自己孩子的教导,但进一步细看就会发现并非仅仅是如此。玺书中反复强调了对陈朝的防备。在隋文帝的脑海中,肯定在思考着将如何开始一步步地远征长江流域,具体来说就是如何一步步征服陈朝。江陵对于征服江南至关重要,就如"江陵之地,朝寄非轻"所说的一样。这是因为此地不仅是对抗陈朝进行防卫的桥头堡,还是发动进攻的最前线乃至军事基地,其重要性与日俱增。与江陵军事地位的重要性与日俱增成正比的是,隋朝对后梁的态度也开始有了变化。隋朝想完全支配后梁的意向再次开始出现,这对于后梁而言,压力再次增加。早在萧琮即位的那年,隋朝便以有违法的大事件发生为由召萧琮的叔父太尉萧岑入朝,却不允许他再次返回江陵。之后又过了四年,隋朝复置江陵总管。后梁大将军许世武秘密地与陈朝荆州刺史陈慧纪联络并计划叛乱,但因计划泄露而被杀。

开皇七年(587),后梁的仁寿宫内出现异变,一尊供奉着的铜制佛像汗流不止。佛像的背光面上有梵文"阿育王造"

---

[1] 〔唐〕魏征、令狐德棻:《隋书》卷七十九,中华书局1973年版。

的字样,传说此佛像若放出光芒则是吉兆,若流汗则是凶兆。这一年八月,萧琮接到了隋朝下达的让他入朝的命令。他和二百余名臣子一同前往长安。江陵的父老中,一些在民间有声望和影响力的人便说:"吾君其不反矣!"[1]说完,他们都流下了眼泪。对于最重要的江陵总管一职,隋朝决定任命崔弘度来担任。他膂力过人,相貌伟岸,长安城流传着"宁饮三升醋,不见崔弘度"的顺口溜,足见其冷酷无情,令人恐惧。萧琮的叔父萧岩和弟弟萧瓛得知此事后,派遣都官尚书沈君公作为使者,向陈慧纪请求支援,并带着文武大臣、男女百姓合计十万口亡命陈朝。这一举动激怒了隋文帝。倒不是他真的被激怒,假装被激怒可能才是比较准确的说法。萧岩和萧瓛他们的行为给了隋朝消灭后梁的口实。一个月后,也就是萧琮所用年号广运二年九月,后梁王朝走到了尽头。早先关于广运的"运"字,有"军走也[2],吾君将奔走乎"[3]这一穿凿附会的解释,没想到一语成谶。后梁王朝历经三分之一个世纪后被废,其长达三十三年的历史落下了帷幕。

兼并后梁是隋朝征服江南所迈出的坚实的第一步。第二年,即开皇八年(588),隋文帝终于颁布了《伐陈诏》。诏书历数陈朝的罪状后,还有这样的话:"有梁之国,我南藩

---

[1] [唐]魏征、令狐德棻:《隋书》卷七十九,中华书局1973年版。

[2] 运的繁体字为"運"。

[3] [唐]魏征、令狐德棻:《隋书》卷七十九,中华书局1973年版。

也,其君入朝,潜相招诱。"[1]这指的是陈朝帮助萧岩、萧瓛逃命。之后隋朝的伐陈大军以萧琮的妹夫晋王杨广为总指挥官,将江陵作为重要的基地之一,向江南进发。

总　结

其实不用等到隋开皇七年(587),仅凭北朝具有压倒性优势的军事力量,早就可以消灭处于弹丸之地的后梁王朝。尽管如此,后梁王朝作为横跨西魏、北周、隋三代的北朝附庸,存在了三分之一世纪的时间。后梁的存续得益于当时民间根基强大的贵种崇拜的情感,因为后梁仍是萧氏一族作为天子建立起来的王朝。后梁的统治者肯定也考虑到了利用这种情感是于己有利的,这能缓和境内民众的抵抗,虽然这是具有欺瞒性质的做法。我所提到的贵种崇拜,以及到后期萧氏声望极高的明证,从与萧岩和萧瓛相关的史料中都能找到。开皇九年春正月,南朝旧都建康抵抗不了隋军的攻击而陷落,陈后主在隋朝军队面前投降,但在东南吴会之地,对隋军激烈的抵抗一直在持续。被推举为抵抗活动指挥者的是亡命陈朝后被任命为东扬州刺史的萧岩和被任命为吴州刺史的萧瓛。关于两人有各种逸事流传,"及陈亡,百姓推岩为主,以御隋师"[2],"及陈亡,吴人推(瓛)为主以御隋师"[3],江南人将

---

[1]　[唐]魏征、令狐德棻:《隋书》卷二,中华书局1973年版。

[2][3]　[唐]令狐德棻:《周书》卷四十八,中华书局1971年版。

他们"推为主"可以解释为他们是继承了高贵梁朝血统的贵种的缘故。不仅如此，从这时候开始，直至隋炀帝末年，中国全境前所未有的民众叛乱层出不穷。有一个将巴陵以及江陵作为大本营的叛乱集团，其盟主是萧铣，他是萧誉的曾孙，萧岩的孙子。他所面对的江南局势，有"隋氏冠带，尽号起梁"[1]的说法，其中担负"众望"的他被推举为王。从萧詧开始算起直至萧铣，已经过去半个多世纪了。

北朝诸政权都选择把后梁王朝作为间接统治江南新占领地的最好的工具。而把后梁王朝作为对陈朝外交策略上的工具，也是很有用的。陈朝的领土原本是梁朝所有，因此北朝诸政权认为这些土地的领属权应该属于其保护国后梁王朝，其实也就是认为这些领土应该属于他们北朝。北朝屡次对陈朝也都是这么宣称的。举个例子：陈文帝的弟弟陈顼——后来的陈宣帝，早在554年梁元帝政权崩塌之际，就和元帝的百官一起被强行带到了关中，直到562年，他才被送回江南。作为交换条件，陈朝要割让鲁山之地给北周。此时，陈文帝对为了交换陈顼本人而到访建康的北周使节杜杲发起了牢骚："家弟今蒙礼遣……然不还彼鲁山，亦恐未能及此。"[2]对方回答道："鲁山梁之旧地，梁即本朝藩臣，若以始末言之，鲁山自合归国。"[3]

---

[1]　[后晋]刘昫：《旧唐书》卷五十六，中华书局1975年版。
[2][3]　[唐]令狐德棻：《周书》卷三十九，中华书局1971年版。

就这样，后梁王朝始终是作为北朝的附庸存在的，是被北朝利用的工具。至少在古今政治史中，没有存在价值的东西是不可能出现的。但是，从554年梁元帝政权瓦解到589年隋统一江南这段时间，处于南北两朝夹缝中的后梁王朝在文化史上所占的位置绝不应该被小觑。尽管后梁王朝的规模小，但其文化发展水平，别说是北朝，就算是与继承南朝正统的陈朝相比也毫不逊色。梁朝文化的传统被后梁王朝所继承和发展。例如，被评价为"溺佛"的梁武帝，在他统治的太平盛世之下，发展最为繁荣的正是佛教。而前文提到的后梁第一代皇帝宣帝精于佛义，第二代明帝萧岿法名"等观"，他对僧迁和法京这些僧人十分恭敬，并有著述《大小乘幽微》。而唐初的萧瑀与有名的排佛论者傅奕论战，前者拥护佛教的阵营，主张"佛，圣人也。（傅）奕为此议，非圣人者无法，请置严刑。"[1]他是后梁明帝之子，从梁武帝算起的话是其五世孙。关于后梁的佛教，有代表性的是《历代名画记》中记载的一则故事。当时名气极高的画师张僧繇，在萧岿[2]于江陵创建的天皇寺柏堂里绘制了庐舍那佛像和仲尼十哲图。仲尼十哲图即十名孔子高徒的画像。在寺院的壁画上

---

[1] ［后晋］刘昫：《旧唐书》卷七十九，中华书局1975年版。
[2] 根据《明嘉靖刻本历代名画记》："江陵天皇寺，明帝置，内有柏堂，僧繇画庐舍那像及仲尼十哲。"张僧繇，梁武帝时人。此句中"明帝"应该是齐明帝萧鸾而非梁明帝萧岿。见［唐］张彦远：《明嘉靖刻本历代名画记》卷七，中国美术学院出版社2018年版。

为什么画仲尼十哲图呢？萧岿[1]非常惊讶。张僧繇回答道："后当赖此耳。"[2] 果不其然，数年后，北周武帝坚决主张废佛，尽管烧尽天下寺庙佛塔，但天皇寺却因为仲尼十哲图的荫庇而没有被破坏。这件事一直被看作是传说的故事，因为纵然没有仲尼十哲图，距离长安那么远的江陵寺院，应该不会受到废佛之风太大的影响。正因为有不少沙门由于遭遇周武帝废佛而逃到偏僻遥远的地方，所以他的废佛倒不如说是间接让北朝的佛教文化传播到了后梁王朝，之后成为促进北朝佛教与江南佛教融合的一个契机。天台的得道高僧智顗不久就在江陵玉泉寺驻锡，虽然这是后梁王朝灭亡后的事情，但此事和南北朝佛教的流传脉络是不可分割的。

当时被认为是从北向南进行传播的，仅限于与佛教相关的东西，而后梁王朝的主要影响，则是向北朝传播江南的文化，甚至还可以视其为向下一个时代进行文化传播的源头。例如，刘臻因为精通《汉书》和《后汉书》而有了"汉圣"的别名，其学脉的传承流变在《颜氏家训》书证篇里有一则逸闻可以为证，他历仕梁、后梁、北周、隋，这是与政治相关的史实，而与文学相关的则是他举荐柳䛒这个人。柳䛒历

---

[1] 根据《明嘉靖刻本历代名画记》："帝怪问，释门内如何画孔圣？"此句中"帝"，另有一解，承接上文语义，应为梁武帝。见［唐］张彦远：《明嘉靖刻本历代名画记》卷七，中国美术学院出版社2018年版。

[2] ［唐］张彦远：《明嘉靖刻本历代名画记》卷七，中国美术学院出版社2018年版。

仕后梁王朝三代天子，后梁灭亡后，他被隋晋王杨广的幕府所招揽，位于百余名学士之首，晋王所作的诗文的润色工作总是交给他。就这样，与庾信体并驾齐驱的晋王的诗文风格也逐渐开始出现了变化。

> 春鸟一啭有千声，
> 春花一丛千种名。
> 旅人无语出簷楹，
> 思乡怀土志难平。
> 唯当文共酒，
> 暂与兴相迎。[1]

这首题为"阳春歌"的诗歌是柳䛒的一首作品。在杨广的文学作品中，如果是基于一代文宗庾信的影响而创作出来的，是否还会存在一些不同于当时主流文艺思潮的文风呢？有的话，这恐怕不仅仅是因为柳䛒个人，更多还是缘于后梁王朝的文艺传统。

在经学领域，后梁朝也是人才济济。蔡大宝被萧詧视为"谋主"，对其非常信赖，两人的关系如同刘备和诸葛孔明。蔡大宝还是《尚书》研究的一流学者。孔颖达奉唐太宗之命而作的《尚书正义》，对《尚书》进行了详细的注释，其中

---

[1] ［宋］李昉等：《文苑英华》卷一百九十三，中华书局1966年版。

的序言叙述了《孔安国尚书传》(即《伪孔传》)的历史,写道:"江左学者,咸悉祖焉。近至隋初始流河朔。其为正义者,蔡大宝、巢猗、费甝、顾彪、刘绰、刘炫等。"[1]

"江左"等同于江南,"河朔"是指华北。华北研究《尚书》的学者原来依据的是郑玄的注,而与此相对的《孔安国尚书传》则记述了北方学者祖述江南学者的学问的内容。巢猗以及费甝是梁的国子助教(《隋书》经籍志),北齐武平(570—576)末年的北方学者刘绰和刘炫是从费甝的义疏入手进行研究的(《北史·儒林传》)。像这样的还有其他的明证,《孔安国尚书传》中有实证。经学在隋初之前就已向华北流传,虽然关于这一点孔颖达的序有些许需要修改的地方。更早之前,与费甝的义疏一样,蔡大宝的义疏也被传往了宗主国北周,可以想见的是其肯定刺激了北边的学者。顺带说一下,蔡大宝的侄子蔡允恭著有后梁一代的历史《后梁春秋》十卷,但已经佚失没有流传下来。现今留存的同名书籍,是过了很多朝代后由明代姚士粦根据《周书》《隋书》《北史》等史书编纂的编年体小册子。

后梁朝还有研究《诗》《礼》《左传》的专家,除此之外,还有对阴阳、图纬、道经、释典无所不通的沈重的存在。他年轻时是梁武帝所认可的五经博士,之后出仕于梁元帝,江

---

[1] 《十三经注疏》整理委员会整理:《十三经注疏·尚书正义》,北京大学出版社1999年版。

陵陷落后就留在原地，为萧詧工作，而后接受了北周武帝诚恳发出的招请状。就这样他在长安滞留了长达十年的时间，在这十年中，他开始参与五经的讨论和钟律的校订，特别是在废佛之前的天和四年（569）召开的儒佛道三教的讨论会上，他作为儒教一方的代表，表现极为活跃。《周书·儒林传》中写道："复于紫极殿讲三教义。朝士、儒生、桑门、道士至者二千余人。重辞义优洽，枢机明辩，凡所解释，咸为诸儒所推。"[1] 可以说，他就像北周武帝的文教顾问一样，这是他被历史赋予的角色。我们可以把沈重的经历看作后梁王朝的象征，那就是在政治上被北朝压迫而呻吟，但在文化上反而压倒了北朝。

---

[1]　［唐］令狐德棻：《周书》卷四十五，中华书局1971年版。

补篇

史家范晔的谋反

一

宋文帝元嘉二十二年（445）十二月乙未（二十三日），朝廷对原太子詹事范晔执行了死刑。命中注定难逃此劫的范晔，他就是继司马迁的《史记》、班固的《汉书》之后又一部伟大史学著作《后汉书》的作者。他的罪名是"大逆谋反"。一同受刑惨遭屠戮的，仅范氏一族就有以范晔三个儿子范蔼、范遥、范叔蒌为首的十二人之多。范氏以外，还有范晔姐姐之子谢综和谢约两兄弟，还有孔熙先、孔休先、孔景先、孔思先四兄弟，以及孔熙先之子孔桂甫、孔桂甫之子孔白民以及仲承祖、许耀等人。作为处置谋反之罪的惯例，对谋反者处刑会选在人群集中的市场中进行，即所谓的"弃市"。秦淮河由东向西流经南朝都城建康城的南部后注入长江,在悬吊在秦淮河上的朱雀航附近,有一个极其热闹繁华的市场,作为从长江上游和东南三吴地区运来的物资的集散地,这里就是行刑的地方。在此之前,范晔他们被拘押在宫城中的廷尉狱。宫城一般被称为台城,沿着宫城向南延伸的御道,走二里地就到达了都城的宣阳门,再走五里就到达了朱雀航,一共七里路。若以现代的路程计量单位来讲,大约是三千米的距离。御道两旁的槐树和柳树作为行道树一棵接着一棵,沿路富户鳞次栉比。这一日,人潮涌动,都想要一睹范晔和他的党羽。范晔不久前还是朝堂上的一名大臣,却鬼使神差地策划了一场可怕的谋反。围观的人们想看到的是所有这些游街的罪人们脸上羞耻、恐惧、后悔、失落的表情。只有看到这些表情,围观的人们才会对他们送上一点怜悯,而这份怜悯是因为这些围观者心里微妙的优越感而产生的。然而,他们所见到的却是一个相当不同寻常,甚至可以说是令人诧异的情景:罪人们之间不停地说话,甚至不时能听到他们的笑声传来。至少,从表面上看,情景确实如此。

  但是在这群看起来有些奇怪的罪人,自然不可能真的快乐得起来。他们的内心五味杂陈。走在最前头的范晔和谢综之间的对话,众人听得明明白白。舅父范晔的态度和语气很严肃,而外甥谢综的回答则显得玩世不恭,有时还明显带着恶毒的语气。他们出了狱门后,被押送着前往闹市。

"今日次第，当以位邪？"[1] 范晔问。

"贼帅为先。"[2] 谢综回答。

两人问答之间，围观的人越来越多。这种场面给人的错觉就像看热闹的群众是来参加三月三日的禊祓祭礼似的，又像是在九月九日重阳节达官贵人出门去郊外游玩行乐。与其说是罪人们各怀心事，倒不如说是范晔一人被孤立了。到达闹市后，范晔和谢综的对话依旧针锋相对。

"时欲至未？"[3] 范晔问。

"势不复久。"[4] 谢综回答。

不久，受刑前的最后一顿饭送了上来。范晔劝说谢综也拿起筷子，但是谢综以"此异病笃，何事强饭"[5] 加以拒绝。为了缓和不融洽的气氛，范晔频频举杯饮酒。当刑吏告知他们将和家里人见最后一面时，甥舅二人又暴发了一顿争吵。除了觉得人言可畏的谢综之母，也就是范晔的姐姐没来，范晔的妻子和生母都赶来了闹市。

"家人以来，幸得相见，将不暂别。"[6] 范晔说道。

"别与不别，亦何所存。来必当号泣，正足乱人意。"[7] 谢综说道。

"泣号何关人，向见道边亲故相瞻望，亦殊胜不见。吾意故欲相见。"[8] 范晔说道。

家人们被唤至范晔面前。起先谁都如同紧闭的贝壳一般

---

[1][2][3][4][5][6][7][8] 〔梁〕沈约：《宋书》卷六十九，中华书局1974年版。

沉默，这份沉默安静得能让人能听到喘息声。最先打破这份沉默的是范晔的妻子，她将范蔼、范遥、范叔蒌三个孩子紧紧地搂在胸前，对丈夫歇斯底里地喊着："君不为百岁阿家，不感天子恩遇，身死固不足塞罪，奈何枉杀子孙。"[1]

范晔勉强地露出笑容，只是回答"罪至而已"[2]。

接着是范晔的母亲，身体已然老迈。她大声说道："主上念汝无极，汝曾不能感恩，又不念我老，今日奈何？"[3]

一边说，她一边用手击打范晔的头和脸。范晔面对妻子和母亲的责打行为开始还无动于衷，但最后妹妹和妓妾们来告别时，他的眼中突然充满了泪水。一直冷眼旁观的谢综，敏锐地察觉到了这一变化，他嘲弄道："舅殊不同夏侯色。"[4]

就在数日之前，狱中的范晔写下了临终诗，内容如下：

> 祸福本无兆，
> 性命归有极。
> 必至定前期，
> 谁能延一息。
> 在生已可知，
> 来缘惛无识。
> 好丑共一丘，

---

[1][2][3][4] ［梁］沈约：《宋书》卷六十九，中华书局1974年版。

何足异枉直。
岂论江陵上,
宁辨首山侧。
虽无嵇生琴,
庶同夏侯色。
寄言生存子,
此路行复即。[1]

确实,人能感受到情绪都是在活着的时候,如果死了的话,什么美和丑、曲和直都是没有差别的。比如,死于东陵山的大盗盗跖,以及饿死于首阳山的拥有义士之名的伯夷和叔齐兄弟。就如《庄子》中记载的一样:"伯夷死名于首阳之下,盗跖死利于东陵之上。二人者所死不同,其于残生伤性均也。奚必伯夷之是盗跖之非乎?"生前两者还有是非曲直的差别,死了不就使得一切都归于无了吗?嵇康和夏侯玄抵抗想要篡夺曹魏政权的司马氏,因而在洛阳东市被处决。《世说新语》里记载了这个故事,嵇康弹奏完《广陵散》这首古琴曲后从容赴死,其风骨无人可与之匹敌;面对生死,即使做不到嵇康那么洒脱,至少也要像夏侯玄那样在临刑前神色如常吧。

被谢综质问的范晔只好收起眼泪,那时他的人已经喝醉

---

[1] 〔梁〕沈约:《宋书》卷六十九,中华书局1974年版。

了,对于外甥的揶揄他还想要尽力还击,但也只说出了这么一句话:"姊今不来,胜人多也。"[1] 刚刚二十岁的长子范蔼也醉了。范蔼一边向父亲扔着土块和散落在地面上的果皮,一边不停地叫了几十声"别驾"。范晔曾经任荆州别驾从事史,大概"别驾"是家人在家里对他的爱称吧。

"汝恚我邪?"[2] 范晔说道。

"今日何缘复恚,但父子同死,不能不悲耳。"[3] 儿子回答道。

在一阵混乱过后,范晔等人被执行死刑。此时范晔四十八岁。以上就是《宋书·范晔传》中描写的范晔人生最后一日的大致情景。

二

范晔,字蔚宗,他的谋反事件是在称作"元嘉之治"的宋文帝的盛世中发生的,这一盛世,与在篡夺不断发生的南朝历史中作为例外的梁武帝的盛世不相上下。在元嘉时期,日本倭五王时代[4],讚、珍、济三王相继派遣使者来到中国,接受册封。

---

[1][2][3] 〔梁〕沈约:《宋书》卷六十九,中华书局1974年版。
[4] 据《宋书》记载,5—6世纪初,有五位国王先后统治着古代日本,史称"倭五王时代"。

这正是六朝贵族社会发展到顶点的时代。舍弃五胡侵扰的华北，在江南寻求新天地的贵族社会，经历了近百年充满苦难的历史后，到刘宋的第三代皇帝宋文帝时终于构筑了安定的环境。《宋书·良吏传》序评元嘉时代为"盖宋世之极盛也"[1]。不仅仅是在"宋世之极盛"，根据《宋书·文帝纪》的赞论，这段时期甚至是东汉以来难得的盛世。"纲维备举，条禁明密，罚有恒科，爵无滥品。故能内清外晏，四海谧如也。昔汉氏东京常称建武、永平故事，自兹厥后，亦每以元嘉为言，斯固盛矣！"[2]

现在若是将贵族社会的组成简单地进行描述的话，大约如下：这个社会是由士族以及庶民、贱民这几种身份的人组成的，士族享有各种各样的特殊恩典，士族和庶民的关系就如"士庶之际，实自天隔"这句话所概括的那样差距极大。而贱民的地位还在普通人之下。士作为主人，被国家授予免除徭役的特权，这在当时的法制上是一个笼统的概念，因为在士族内部还有一级级的阶层之分。士之中地位最高的，就是所谓的贵族。内藤湖南博士关于这个时代的贵族有如此描述："作为制度，天子无法给予人民土地，所以大家族自然能作为地方的名门望族永远存续下去。"这一描述可谓一针见血（《概括性的唐宋时代观》）。贵族大概是在大汉帝国崩

---

[1]　[梁]沈约：《宋书》卷九十二，中华书局1974年版。
[2]　[梁]沈约：《宋书》卷五，中华书局1974年版。

溃倾颓的东汉末年产生的，是在依靠层累的历史积淀形成门第之前便存在的。这就是所谓的门阀贵族。而在这一时期，根据特殊的官僚任用制度，即九品官人法或称为九品中正制，贵族会获得与门第相匹配的官职。"当时的政治权利应该是全体贵族所专享的，只要是贵族，入世必然做官。"内藤博士的撰述指出了这一点。不仅仅是政治，还可以看出当时整个社会都掌握在贵族手中。贵族凌驾在整个时代之上。无论庶民在经济或者文化上如何优秀，有他们在的场合，他们就会被贵族以"寒士"之名进行排斥。在法制上也是同样，因为不同阶层的士的身份有差别，所以下级士族有了"寒门"的卑贱称谓。寒士和寒门中人有时会作为天子的近臣而被起用。贵族们认为这些人是贵族社会秩序的破坏者，故称他们为"恩幸之人"。恩幸之人这个词不仅仅是在这一特定历史背景下出现的，还有从天子处获得微薄的恩遇而侥幸生存下来的人的意思。于是这个词成了带有浓烈感情色彩的一种蔑称。正所谓木秀于林，风必摧之。

在贵族的面前，恩幸之人连坐都不能坐。有一恩幸之人得到天子的指点："卿欲作世人，得就王球坐，乃当判耳。若往诣球，可称旨就席。"[1]当他按照天子指点的办法入席就

---

[1] ［梁］沈约：《宋书》卷五十七，中华书局1974年版。原文为："卿欲作世人，得就王球坐，乃当判耳。殷刘并杂，无所知也。若往诣球，可称旨就席。"此处作者的引文有省略。

座后，主人却摇着扇子对他道："若不得尔。"[1]这名男子只好垂头丧气地告退，悻悻而归。天子得知后，感叹道："我便无如此何。"[2]这绝不是一个笑话。这位天子实际上就是宋文帝。

宋文帝的盛世之所以被赞为"元嘉之治"，有很大一部分原因是文帝承认并尊重贵族社会的规则，他的这种政治姿态受到了贵族们的欢迎。在当时的贵族中，虽然有门第显赫的琅琊王氏和陈郡谢氏的存在，但范晔所属的顺阳范氏与前二者相比也并不逊色，同样是家喻户晓的名门望族，所以发生于"元嘉之治"中的范氏当时的核心人物范晔的谋反事件，才会在民间引起巨大的轰动。那么，这位本来知书达理的范氏家族的顶梁柱范晔，他参与叛乱的起因和动机究竟是什么呢？

《宋书》的作者沈约，在记录以谋反被杀告终的范晔的一生时，为了找到他谋反的理由，将范晔这个人物的形象按照自己的理解进行了重塑，把他塑造成了一个普通人，一个没有道德感且放荡不堪、缺乏常识、形象支离破碎的人。可以说前文关于处刑之日的描写，不过是沈约为了塑造范晔上述那样的形象而使用的手段罢了。关于范晔的容貌风姿，沈约所描述的内容如下："长不满七尺，肥黑，秃

---

[1][2]　［梁］沈约：《宋书》卷五十七，中华书局1974年版。

眉须。"[1] 据说身长七尺是当时男人的标准身高，而沈约笔下的范晔有着不达标准的短小身材，肥胖且皮肤浅黑，没有眉毛和胡须，而且额头上有块疤痕，原因据说是他母亲在茅厕生下的他，落地时他的头碰到砖上受了伤，因此范晔以"砖"作为乳名。

另外，在沈约笔下，范晔还有如下种种离经叛道的行为：

元嘉八年（431），范晔三十四岁，是时任征南大将军、江州刺史檀道济的属官，在檀道济的手下担任司马，兼领新蔡太守。为了讨伐侵略河南的北魏军，府主檀道济接受了领兵北征的命令。按理，司马和长史都具有主持军府事务的职责，但范晔谎称自己有腿疾，拒绝随行。可是宋文帝不许范晔置身事外，改派他去做监督水路运送武器和兵员的工作。

元嘉九年，范晔三十五岁，任职尚书吏部郎，此时，彭城太妃王修容薨逝。她是司徒、录尚书事、彭城王刘义康的母亲，是宋武帝的一名侧室。在举行送葬仪式的前夜，范晔受邀参与了东府城的集会。他整夜未眠，到处游玩，碰巧同司徒左西属王深来到了正在当值的范晔的弟弟司徒祭酒范广渊的屋子里，他们打开北窗欣赏乘着夜风传来的挽歌，同时把酒痛饮。当时的习俗，即使不是送葬，也会有人演奏挽歌，且很常见。例如，当时著名诗人颜延之就曾在酒肆里裸身吟唱挽歌。这类行为视为被"绝望的风流"（一海知义《文

---

[1] ［梁］沈约：《宋书》卷六十九，中华书局1974年版。

选挽歌诗考》,《中国文学报》十二册),而在与葬礼相关的场合中饮酒听挽歌,范晔的行为则是更进一步地诠释了这种绝望。刘义康勃然大怒,将范晔贬为宣城太守。正是在宣城郡,范晔开始执笔撰写前文所提到的《后汉书》。

元嘉十六年(439),范晔四十二岁,担任领军将军、豫州长使,同时任长沙王刘义欣的长史。这一天,范晔收到了嫡母病危的消息,他的母亲一直居住在他哥哥宜都太守范暠任职处。但是范晔并没有立刻前往宜都奔丧,而是带着妓妾一起出去游玩。御史中丞刘损因此要弹劾范晔,宋文帝爱惜其才,最终没有降罪于他。

元嘉十九年,范晔四十五岁,任左卫将。元嘉二十一年,四十七岁的范晔被授予太子詹事。这一时期发生了下面这件事情。范晔早年以琵琶名家而闻名,特别是善于弹奏"新声"。后来他在狱中所写的《狱中与诸甥侄书》中就写道:"吾于音乐,听功不及自挥,但所精非雅声,为可恨。"[1]"新声"必然是"雅声"的反义词,恐怕还属于艳歌之类。宋文帝很想听范晔弹奏琵琶,多次邀请他,但范晔总是装傻充愣地拒绝。一日,宴会正酣,宋文帝对范晔说道:"我欲歌,卿可弹。"[2]宋文帝展喉而歌,范晔只得弹琵琶伴奏。宋文帝一曲唱完,范晔立刻停下手来,不肯多弹一下。

以上就是《宋书·范晔传》中记载的他的一些经历,其

---

[1][2] 〔梁〕沈约:《宋书》卷六十九,中华书局1974年版。

中不乏某些看起来很怪异的似乎是奇闻轶事的事迹。下文将逐步叙述他是如何走上谋反之路的。在范晔人生转折点的历史舞台上，为他扮演配角的人物叫作孔熙先。

三

孔熙先虽然是一个被认为"博学有纵横才志，文史星算，无不兼善"[1]的人物，但始终居于作为闲职的员外散骑侍郎这个职位上，因此他的内心深处堆积着不少的抑郁委屈。他长时间得不到升职调任也是有原因的。他的父亲孔默之在广州刺史的任上被问了赃货罪，幸得彭城王刘义康从中斡旋，其罪被赦免。从此之后，孔熙先非常感激刘义康的救父之恩。元嘉十七年（440），发生了刘义康被逐出朝廷的事件。

刘义康是宋王朝的开创者武帝的第四子，宋文帝的异母弟。从元嘉六年（429）他就任侍中、司徒、录尚书事以来，到失势的这十一年间，因为一同辅政的王弘的年迈和谦让，而宋文帝又疾病缠身，刘义康于是一人总揽朝廷内外事务。虽说政务繁杂，但因为他精力充沛，所以应付裕如，他手上也渐渐掌握了滔天权势。

性好吏职，锐意文案，纠剔是非，莫不精尽。既

---

[1] ［梁］沈约：《宋书》卷六十九，中华书局1974年版。

专总朝权，事决自己，生杀大事，以录命断之。凡所奏陈，入无不可，方伯以下，并委义康授用，由是朝野辐湊，势倾天下。义康亦自强不息，无所懈倦。[1]

孔默之被免罪释放，也是刘义康利用了"录命"，即录尚书事的权力而下达的命令。不仅如此，上面引文中提到的"方伯"，在此处不是其本意指封王的诸侯，而主要是指作为州的长官的刺史和作为郡的长官的太守，所以最初任用孔默之为广州刺史应该也是他内心的筹谋。在刘义康府邸东府城的门前，每天早上有数百乘的车子并排停着，只要愿意排队，即使是小官吏和身份卑贱之人，也可以面谒刘义康。而且对即使见过一面的谒见者，刘义康也能在满座官员中一个一个叫出对方的名字。他以此来展示自己强大的记忆力，对方佩服他的同时又都无一例外会感到惶恐。以至到后来，无论哪里有出色的人物被他看中，都会被他的幕府起用。另外，他让无用之人和不愿为自所用的人转为台官，也就是朝廷的勤务工作人员。如此一来，刘义康的权势完全凌驾于宋文帝之上。他还被冠以扬州刺史、大将军等一个个头衔。他在东府城里设置了数量达六千余人的"僮部"，且朝廷并不知道。僮部大概是由贱民组成的私兵武装。有一次，宋文帝感叹从地方献上来的蜜柑的形、味不如往年，旁边的刘义康立即让

---

[1]　［梁］沈约：《宋书》卷六十八，中华书局 1974 年版。

人从东府城拿来了直径约三寸极为优质的蜜柑,献给宋文帝。这个故事从侧面反映了两人权势的差异。

其实刘义康原本并不存谋夺兄长天下的企图。因为"兄弟至亲"[1],刘义隆对兄长宋文帝不尊君臣之礼,"率心迳行,曾无猜防"[2]。《宋书》里的有关记载,可作为其证据。因为心脏病发作,宋文帝几次濒临死亡,每次刘义康都尽心看护,宋文帝的所有饮食他都要自己试毒之后再奉上,且"连夕不寐,弥日不解衣"[3],尽心尽力照顾宋文帝。但是不管他本人有没有篡逆的意思,俗话说,蜜糖集中之处必然引来蚁群,权力的中心必然成是非之地,尊刘义康为首的朋党逐渐形成了,这是不可否认的事实。例如地位卑贱的僮部,都是由刘义康征召而来的掾属,属于亲信;朝臣中也自然而然形成了与义康亲近的势力,他们各怀心事,伺机而动。后来,在朝臣中,刘义康十分信任的太子詹事刘湛和宋文帝非常信任的中书令、护军将军、尚书仆射殷景仁之间的矛盾,让情势剑拔弩张起来。

原本刘湛能在朝廷为官,还是通过殷景仁引荐的,但是心高气傲的刘湛无法忍受殷景仁的位阶高于自己,两人的嫌隙逐渐加深。刘湛为了让对手失去立足之地,处心积虑接近刘义康。所以,殷景仁评价刘湛"引之令入,入便噬

---

[1][2][3] [梁]沈约:《宋书》卷六十八,中华书局1974年版。

人"[1]。一日，宋文帝病危之际，下令被召唤到枕边的刘义康起草作为临终遗诏的"顾命诏"。回到尚书省的刘义康泪流满面，同时将宋文帝的旨意告诉了刘湛和殷景仁。刘湛断言道："天下艰难，讵是幼主所御！"[2]这就是矫饰圣意而让刘义康即位的意思了。刘义康和殷景仁一言不发，并不表达意见。刘湛命心腹部下去担任尚书仪曹，让其偷偷调查在昔日东晋成帝的咸康末年，作为成帝同母弟的康帝的登基旧事。他做这件事刘义康并不知道，反而被不久后病愈的宋文帝知道了，宋文帝心里自然不痛快。与刘义康、刘湛相关联的势力现在明显已成为与宋文帝对立的朋党了。宋文帝厌恶如同蛇蝎的刘湛，曾说："刘班初自西还，吾与语，常看日早晚，虑其当去。比入，吾亦看日早晚，虑其不去。"[3]刘湛的小名叫班虎，所以宋文帝称其作刘班。而刘义康对宋文帝的态度也跟之前不同了。在宋文帝看来，现在的刘义康早已不是曾经真心辅佐自己勇敢且细心的弟弟了，而是变成了窥伺自己皇位的人。刘义康准备提拔刘湛一族的刘斌，将其从司徒府左长史的位置上调任丹阳尹。以现在的眼光来看，丹阳尹拥有与东京都知事[4]相当的地位。刘义康上奏时提到刘斌这个

---

[1] ［宋］司马光：《资治通鉴》卷一二二，中华书局2011年版。
[2] ［梁］沈约：《宋书》卷六十八，中华书局1974年版。
[3] ［梁］沈约：《宋书》卷六十九，中华书局1974年版。
[4] 东京都知事是日本首都东京都的行政首长，负责处理东京都大小事务。

名字，文帝未等弟弟说完，就下令安排刘斌"以为吴郡"[1]。这之后，会稽太守羊玄保准备回京之际，刘义康再次推荐刘斌为其继任。刘义康出言暗示："羊玄保欲还，不审以谁为会稽？"[2]宋文帝心中自然早有答案，他回答道："我已用王鸿。"[3]方伯是地方的重要官员，都早已经被刘义康安排给自己人担任了。即使如此，在元嘉十六年（439）秋天以后，宋文帝不再驾幸刘义康的府邸东府城。

后来，刘湛屡次提及殷景仁政治上的错误，蓄谋要搞垮他。而那些讨好刘义康和刘湛的人，约定今后不再进出殷景仁的家。有一个讨好刘湛的人，他的父亲并不知道儿子他们的约定，向殷景仁请求太守之位，儿子得知后立即慌张地向刘湛道歉："老父悖耄，遂就殷铁干禄。由敬文暗浅，上负生成，合门惭惧，无地自处。"[4]殷景仁的乳名叫作殷铁，"上负生成"指的是辜负了上司的恩典。

宋文帝对刘义康和刘湛的警戒心越来越重，与之对应的是他对殷景仁的宠遇越来越高。由于遭到刘湛百般刁难，殷景仁请宋文帝免去自己的职务。宋文帝准许他保留原来的官爵，在自己的府邸疗养。即使这样，刘湛还是没有放过殷景仁，他派出刺客，计划伪装成强盗抢劫杀人的意外，在路上刺杀殷景仁。不料计划泄露，宋文帝将殷景仁转移到台城的

---

[1][2][3]　［梁］沈约：《宋书》卷六十八，中华书局1974年版。
[4]　［梁］沈约：《宋书》卷六十九，中华书局1974年版。

西面、西掖门外晋鄱阳公主府邸,殷景仁才得以平安无事。就这样五年的时间过去了,五年中,殷景仁连一次拜谒宋文帝的机会都没有,但他们之间有密使频繁地往来,始终保持着紧密的联络。元嘉十七年(440)十月戊午(三日),此前一直卧床的殷景仁突然下令左右之人掸去衣冠上的尘埃。入夜,进宫的旨意传达到他的住处,他整装出发。殷景仁仍称脚疾,假装躺在车中的小床上,被抬着赶往华林园的延贤堂,宋文帝正等在此处。台城内外各个要所都安排好了禁军把守。此时,在私邸为母亲服丧的刘湛被带到了廷尉狱,立即被斩首,其三子以及朋党中的重要人物判的不是死罪就是流放。而事发前被文帝召入中书省过夜的刘义康,当被告知刘湛等人被肃清的消息后,已无力回天,只好上表让位,保留了侍中、大将军的头衔,作为都督江州军事、江州刺史赴任豫章(江西省南昌市)。

替代刘义康执掌朝政大权的,不言而喻正是殷景仁。然而天不假年,仅仅一个月后殷景仁就去世了。世人都传这是刘湛鬼魂作祟导致的。

殷景仁死后,宋文帝的第二子始兴王刘濬从后军将军、南豫州刺史任上被迎为扬州刺史。将都城建康作为治所,治理王朝中心区域的扬州刺史还兼负宰相之责,是朝廷极重要的职位,但刘濬此时只不过十二岁的少年,因此代行州事之责就落到了与刘濬一同右迁京师的后军长史、南下邳太守范晔的头上。于是,在元嘉十九年,范晔就任统领宿营卫兵的左卫将军,元嘉二十一年晋升为总揽东宫庶务的太子詹事,与庾炳之、沈演之等人一同参与到朝廷机密政务中来。这里值得一说的是,庾、沈都是置身祸乱天下的朋党之外的人物。刘湛和殷景仁两派之间水火不容,只有庾炳之是例外,未卷入其中,且与刘、殷二人俱有交往,在殷景仁无法朝见的五年时间里,宋文帝的命令屡屡交托于庾炳之,因为由他将命令传递给殷景仁,不会令刘湛起疑。因此若提起庾炳之的过人之处,据说有"当云与殷景仁不失其旧,与刘湛亦复不疏"[1]这样的优点。而沈演之也不受到刘义康重视,由于看不惯刘湛排斥殷景仁,沈演之"仗正义"[2]而不与刘湛同流合污。刘、殷朋党事件之后,范晔成了树立全新风气的政权中的股肱之臣,令人满怀期待。太子詹事任命诏书中有"才应通敏,理怀清要"[3]的话,表示了对范晔才华的赞赏。

四

从都城南下来到豫章的刘义康,被恩准带着所谓的"左右爱念者"[4],即特别亲密的数人随行。范晔的外甥谢综作为记室参军,就在其中。而宋文帝和刘义康的长姐,会稽长

---

[1] [梁]沈约:《宋书》卷五十三,中华书局1974年版。
[2][3] [梁]沈约:《宋书》卷六十三,中华书局1974年版。
[4] [梁]沈约:《宋书》卷六十八,中华书局1974年版。

公主哀怜刘义康的身世，在宋文帝出席的宴会上，对宋文帝再拜稽首，同时念出刘义康的小名："车子岁暮，必不为陛下所容，今特请其生命。"[1]说完放声痛哭。宋文帝也泪流不止，指着远方尚可望见的蒋山发誓："必无此虑。若违今誓，便是负初宁陵。"[2]初宁陵指的是在蒋山营建的父亲武帝的陵墓。宋文帝下令重新封闭了刚刚开封的酒桶，随一封书信一同送到了豫章。书信中有这样的话："会稽姊饮宴忆弟，所余酒今封送。"[3]

此后，刘义康据说又恢复了"资俸优厚，信赐相系，朝廷大事，皆报示之"[4]的地位，至少表面上他是重新受到了宋文帝的优待。虽说如此，南下豫章毕竟非其本意。而且他到达豫章后便早早地请辞了江州刺史之位。实际上更准确的说法是被褫夺了这一尊位。不过，刘义康此时的处境仍算是好的。那么，在他大权在握的时候曾经环绕在他身边的人现在如何了呢？伴随着刘义康失势，那些人未来的上升通道也等于关闭了。毫无疑问，孔熙先也是其中的一员。他曾是刘义康膝下的义子，自幼与名家子弟为伍，后被提拔为员外散骑侍郎，当时其前途似乎不可限量，但是时移世易，原来承诺给他的官职并未授予他，他成了员外郎，将来的荣达显赫必然已无可能。不仅如此，作为刘湛的党羽而被刑戮的人中，有孔文秀、孔邵秀、孔胤秀三兄弟的名字，孔熙先虽说

---

[1][2][3][4]　［梁］沈约：《宋书》卷六十八，中华书局1974年版。

同样也是鲁郡出身，却与这三人不是同族。刘义康对自己的父亲有恩，孔熙先怀着向刘义康报恩的心情，再加上上面所说的情况，因此他始终"密怀报效"[1]。传说孔熙先善于"星算"，有一次，他使用占星术夜观天象，得出的结果为"太祖必以非道晏驾，当由骨肉相残。江州应出天子"[2]，隐晦地表达了这样的意思：未来的某一天，宋文帝因不符合道义而倒台，刘义康将替代宋文帝即位。和刘义康一同前往豫章后，孔熙先依旧抱有同样的想法。

孔熙先开始制订谋反的计划。为了从内部动摇宋文帝政权，他考虑到一定要拉拢某些朝臣。经过深思熟虑，最后他将范晔定为目标之一。"晔意志不满，欲引之。"[3]沈约这样写道。所谓"意志不满"，从《宋书》的记载来看，大概所指的是以下这件事。前面提到范晔替年幼的扬州刺史刘濬代行州事，但是实际上，还存在着操纵范晔的幕后之人，他就是主簿沈璞。当初宋文帝召见沈璞时曾说："神畿之政，既不易理。濬以弱年临州，万物皆属耳目，赏罚得失，特宜详慎。范晔性疏，必多不同。卿腹心所寄，当密以在意。彼虽行事，其实委卿也。"[4]虽然沈璞实际上是沈约的父亲，但《宋书》自序篇中沈约并不避嫌，所述对其父过于溢美。根据《宋书》的记载，虽然在表面上范晔受到宋文帝重视，而实际上他却

---

[1][2][3]　［梁］沈约：《宋书》卷六十九，中华书局1974年版。
[4]　［梁］沈约：《宋书》卷一百，中华书局1974年版。

被宋文帝视为对赏罚得失缺乏周详考虑、性格疏放的人。

范晔参与机密政务之后，还发生了下面这样的事情。每次从宋文帝处获赐觐见机会，范晔常常由同辈的沈演之带着一起进入内殿，有时沈演之会抢先范晔一步觐见，因此两人之间逐渐产生了嫌隙。所谓"意志不满"，指的是受委屈者有自己一个人被排斥在外这样的想法。范晔种种难以解释的怪异行为，恐怕其根源正在此处吧。

虽然孔熙先将目标锁定为范晔，但并没有立即获得和他来往的机会。不过孔熙先认识范晔的外甥谢综。因为谢综的父亲谢述曾经是深得刘义康信赖的部下，由于这层关系所以两人认识。每次谢综从豫章回到建康，孔熙先就来到他的住所进行赌博，而且故意输给谢综。弟弟谢约察觉后认为其中有诈，忠告谢综不要与他有深交，但是谢综一旦尝到了甜头，早已忠言逆耳。孔熙先把其父孔默之在广州刺史任上积蓄的钱财拿出来作为赌资。那时，从南海归来的奴隶贩运船进入广州港口，把附近山岳地带的奴隶集中起来贩卖。广州作为贩卖奴隶的基地而繁荣起来。广州刺史收入丰厚，据说达到了"但经城门一过，便得三千万"[1]的夸张程度。刺史将奴隶贩运船带来的珍奇物资以市价的一半购入，然后立即以数倍的价格卖出，从而获得巨大的利益。没过多久，与孔熙先的谋算一致，范晔果然也加入了他们的赌局。范晔认为这也是

---

[1] ［梁］萧子显：《南齐书》卷三十二，中华书局1972年版。

一个不错的赚小钱的机会，同时又被孔熙先不普通的"文艺之才"所吸引，两个人很快熟络起来，关系变得很亲近。有一天，孔熙先找准时机对范晔开诚布公地讲述了他的计划：

> 大将军英断聪敏，人神攸属，失职南垂，天下愤怨。小人受先君遗命，以死报大将军之德。顷人情骚动，天文舛错，此所谓时运之至，不可推移者也。若顺天人之心，结英豪之士，表里相应，发于肘腋；然后诛除异我，崇奉明圣，号令天下，谁敢不从！小人请以七尺之躯，三寸之舌，立功立事而归诸君子，丈人以为何如？[1]

这个话题很突然，范晔一时不知道说什么好，只是目不转睛地凝视着对方的脸。孔熙先继续说道：

> 昔毛玠竭节于魏武，张温毕议于孙权，彼二人者，皆国之俊乂，岂言行玷缺，然后至于祸辱哉？皆以廉直劲正，不得久容。丈人之于本朝，不深于二主，人间雅誉，过于两臣，谗夫侧目，为日久矣，比肩竞逐，庸可遂乎！近者殷铁一言而刘班碎首，彼岂父兄之仇，百世之怨乎？所争不过荣名势利先后之间耳。及其末也，唯恐陷之不深，发之不早；戮及百口，犹曰未厌。是可为

---

[1] ［宋］司马光：《资治通鉴》卷一二四，中华书局2011年版。

寒心悼惧,岂书籍远事也哉!今建大勋,奉贤哲,图难于易,以安易危,享厚利,收鸿名,一旦苞举而有之,岂可弃置而不取哉![1]

《资治通鉴》把孔熙先所说的话的概要记录了下来,这是正史《宋书》和《南史》都没有的内容。《资治通鉴》所依据的,可能是今日已经散佚的6世纪梁朝裴子野的《宋略》。总之,孔熙先继续给他洗脑,范晔则低着头犹疑不决。但是孔熙先可不是好对付的人物,他紧抓对方的弱点不放。

以下的对话《宋书》也有记录。

孔熙先道:"又有过于此者,愚则未敢道耳。"[2]

范晔问:"何谓也?"[3]

孔熙先道:"丈人奕叶清通,而不得连姻帝室,人以犬豕相遇,而丈人曾不耻之,欲为之死,不亦惑乎!"[4]

孔熙先说完,两人之间陷入了短暂的沉默。因为孔熙先的这番话,范晔终于下定了决心。沈约对孔熙先上述话语的评论是:"晔素有闺庭论议,朝野所知,故门胄虽华,而国家不与姻娶。"[5]

所谓"闺庭论议",字面意思是与家庭问题相关的传闻。但实际的意思不能仅停留在字面上,还有更为深刻而

---

[1][2][3][4] [宋]司马光:《资治通鉴》卷一二四,中华书局2011年版。
[5] [梁]沈约:《宋书》卷六十九,中华书局1974年版。

阴险的意味隐藏其中。《宋书·王准之传》所记载的范晔之父范泰和王准之的对话就有这方面的暗示。从王准之曾祖父开始，王家四代人都担任御史中丞，当时了解官场的人都知道，御史中丞的主要工作是监察弹劾官员，因此这个官职通常被认为是与风雅无缘的浊官。有一次，王准之赋五言诗时，范泰嘲笑道："卿唯解弹事耳"。[1] 王准之正色回击道："犹差卿世载雄狐。"[2] 在《诗经·齐风·南山》中有这样的句子："南山崔崔，雄狐绥绥。鲁道有荡，齐子由归。既曰归止，曷又怀止？"这首诗是讽刺齐襄公和妹妹文姜兄妹通奸而作的。此事在《左传》即《春秋左氏传》中有详细记载。这对兄妹不正当的关系在文姜嫁给邻国鲁桓公后还在继续，最后鲁桓公在齐襄公的宴会上被杀害。鲁桓公曾经怀疑过儿子公子同不是自己亲生的。公子同就是后来的鲁庄公。

　　王准之"雄狐"之语，暗示范氏家族有近亲相奸的事发生，不过其具体所谓何事并没有指明。但是无论是"世载雄狐"，还是"人以犬豕相遇"，无疑范氏是出过令人震惊、让人难以启齿的羞耻之事的，应该是那种纵使是朝野皆知的事实，但也是不能再次触碰的事情。范晔的曾祖父范汪曾担任京口的将军，可以说是东晋王朝东部方面军总司令官；祖父范宁以撰写《谷梁传集解》而闻名于世；父

---

[1][2]　［梁］沈约：《宋书》卷六十，中华书局1974年版。

亲范泰是刘宋王朝立国元勋,也是佛教事业的大资助人。由此可见,顺阳范氏可谓是到了"门胄之华"的程度,声名煊赫。范氏尽管在贵族社会建立了其稳固的地位,但无奈的是由于家族丑闻而无法与帝室联姻。被孔熙先指出这一点时,范晔产生了惭恨之心,向谋反又迈出了重大的一步。其实,范晔的长子范蔼娶了武帝次女吴兴昭公主的女儿,孔熙先的话并非都是真实的,但此时的范晔似乎已经失去了冷静思考的能力。

在显官中,除了范晔之外,丹阳尹徐湛之依约也加入了谋反的阵营。徐湛之的母亲是会稽长公主,他与宋文帝还有刘义康都是甥舅关系,特别受到刘义康的喜爱。他从小娇生惯养,天不怕地不怕。元嘉十七年(440),他一度因为刘湛事件受到连坐而被定为死罪,当时他的母亲把锦袋装着的纳衣扔到弟弟宋文帝面前并放声大哭。所谓纳衣,是指用粗布缝制而成的衣服,这应该是当年作为家庭顶梁柱的父亲年轻时在长江中洲[1]刈荻作薪时所穿的衣服,这套衣服中有他妻子亲手缝制的衫、袄,后来,穷极富贵的父亲,即宋王朝的创建者武帝,将此百衲衣托付给女儿:"后世若有骄奢不节者,可以此衣示之。"[2] "汝家本贫贱,

---

[1] 日文原文作"中洲",史料原文作"新洲"。见[梁]沈约:《宋书》卷七十一,中华书局1974年版。

[2][3] [梁]沈约:《宋书》卷七十一,中华书局1974年版。

此是我母为汝父作此纳衣。今日有一顿饱食，便欲残害我儿子！"[3]宋文帝也大声哭泣。会稽长公主这么一闹，徐湛之的罪被赦免了。而这一次，劝诱徐湛之参加谋反的是仲承祖，他作为刘义康的使者来往于豫章和建康之间，与孔熙先推心置腹、肝胆相照。

除了孔熙先、仲承祖，以及范晔、徐湛之、谢综之外，与此次谋反有关联的其他人物列举如下：

法略道人。原本是接受刘义康供养的沙门。被孔熙先说服而还俗，以孙景玄之名，以宁远将军、徐兖二州刺史臧质的参军的身份在彭城活动。

法静尼。她是王国寺的尼僧，经常在刘义康的府邸出入。在梁宝唱所作的《比丘尼传》中提到，王国寺原本是在元嘉七年（430）由古印度的僧人求那跋摩（汉译名功德铠）和刘义康在建康城东部的枳园北面营建的尼寺，《比丘尼传》还记载："至二十二年（445），同寺尼法净、昙览染孔熙先谋，人身穷法，毁坏寺舍，诸尼离散。"[1]按照此说法，除法净即法静尼外，昙览尼也加入了谋反之中。

许耀。法静尼的妹婿，殿省宿卫兵的队长。由于法静尼的介绍，许耀拜托精于医术的孔熙先医治疾病。服用了按其

---

[1]《比丘尼传》原文为"至二十一年"，日文原文为"至二十二年"，据《南朝佛寺志》上卷《南朝寺考》"王国寺条"："宋元嘉二十二年，孔熙先等谋逆，有王国寺法静，出入彭城王义康家，则交结豪贵而不守戒律云。"见［梁］释宝唱撰，王孺童校注：《比丘尼传校注》卷三，中华书局2006年版。

所开药方配制的汤药，许耀很快痊愈了。知恩图报的许耀得到了孔熙先的完全信任，孔熙先向他透露了谋反计划，并让他作为内应。

胡遵世。他是协助宋王朝立国的将军胡藩的儿子。胡遵世原为臧质的参军，当时已离任，平时与法略过从甚密。

以上诸人，虽然法略和法静、昙览等都有僧尼的经历，但是如果将此次事件归结于佛教徒反叛的性格，那就错了。如梁陶弘景《真诰》所记载，首谋者孔熙先不是佛教徒，而是与道教渊源颇深，大家认为他的天文学、历算、医学等知识来自吸收了各个时代自然科学成果的道教经典。因此，与其说是各种立场不同的人聚集在刘义康周围，倒不如说是在刘义康失势后，众人不顾各自立场的不同，在与刘义康都有联系的基础上，团结在一起策划了一场叛乱。这应该是此次事件的一大特点。

建康和豫章之间密使的来往次数日渐频繁。仲承祖承担了主要的工作，而法静尼则时不时前往豫章。法静尼带着孔熙先对于记载预言的图谶进行说明的书信到达豫章，又将从刘义康那儿带回的铜匙以及铜镊、袍服、棋奁等物品送与孔熙先。当时有婢女在场，孔熙先因为害怕她泄露了消息，于是将其鸩杀。彭城太妃守灵之日事件发生后，范晔一直与刘义康关系疏远。如今从刘义康处传来了想要和范晔修复关系的意思。仲承祖给范晔带来的刘义康的书信中，称当时是由于第三者的挑拨中伤，"与范本情不薄，中间相失，傍人为之耳"[1]。范晔年轻时，曾在刘义康的部下担任冠军参军、右军参军、司徒从事中郎等职务，二人原本就渊源颇深。

起义需要的兵力，计划由与范晔和徐湛之有亲戚关系而且还是会稽长公主从弟的臧质，以及与臧质有交往的萧思话来筹备。臧质是节度使、都督徐兖二州诸军事、宁远将军、徐兖二州刺史，是驻守彭城的军民两政长官。萧思话是持节、监雍州等诸军事、雍州刺史、襄阳太守，是驻守襄阳的军民两政长官。一日，徐湛之对范晔说道：

> 臧质见与异常，岁内当还，已报质，悉携门生义故，其亦当解人此旨，故应得健儿数百。质与萧思话款密，当仗要之，二人并受大将君眷遇，必无异同。思话三州义故众力，亦不减质。郡中文武，及合诸处侦逻，亦当不减千人。不忧兵力不足，但当勿失机耳。[2]

"门生"的本义，不用多说，是指在老师门下学习的弟子。此外，有的人为了巴结高官，或者是为了获得特权的庇护，会携带礼物奔走于显贵之门，以门生自居，这种门生是与学问毫无关系的。后一种门生其实更为普遍。而且徐湛之对范晔所说的是"义故"而不是"故义"，是指一开始就受

---

[1][2]　［梁］沈约：《宋书》卷六十九，中华书局1974年版。

到恩情的意思。若是臧质、萧思话两人愿意参与的话,确实兵力不会不足。但是这种想法只不过是范晔和徐湛之的如意算盘。臧、萧二人本身并没有参与谋反的迹象。而孔熙先曾经就给了在广州豢养家兵的周灵甫六十万钱,让他征集士兵,但是据说从那以后就再也没见过周灵甫。他们的这个计划在最重要的环节出现了巨大的漏洞。

五

一日,拜谒宋文帝时,范晔以若无其事的语气进言道:

> 臣历观前史二汉故事,诸蕃王政以訞诅幸灾,便正大逆之罚。况义康奸心衅迹,彰著遐迩,而至今无恙,臣窃惑焉。且大梗常存,将重阶乱,骨肉之际,人所难言。臣受恩深重,故冒犯披露。[1]

范晔说这些话的目的是,万一谋反计划败露了,可以用自己今天所说的这番话为自己开脱,还能从宋文帝口中打探他最担心的是什么事情。若是谋反成功,刘义康做了天子,新朝廷的人事任免清单将出炉。按照事先约定,徐湛之将任抚军将军、扬州刺史,范晔将任中军将军、南徐州刺史,孔

---

[1] [梁]沈约:《宋书》卷六十九,中华书局1974年版。

熙先将任左卫将军。此前和他们关系不和的人全部入了"死目",即死亡名单。孔熙先下令他的弟弟孔休先起草檄文,在檄文中,首先强调宋文帝的皇位原本并不是得自正统。

武帝刘裕是宋王朝的创立者,本来继承他的帝位的是皇太子刘义符,即少帝,但顾命大臣徐羡之、傅亮、檀道济、谢晦等人以少帝多有失德为理由,在他即位两年之后逼他退位了。按顺序,二皇子刘义真应该是下一个被册立的,但由于刘义真不太聪明,还有一些轻躁,他志得意满之时,表示想要任命谄媚文人谢灵运和颜延之为宰相,任命沙门慧琳道人为西豫州都督,不出所料,刘义真也被废为庶人。不久,刘义符、刘义真一同被害。之后顾命大臣们从荆州迎来了三皇子宜都王刘义隆,登基称帝,是为文帝。檄文进一步讲到,范晔、徐湛之、孔熙先以下,还有行中领军将军萧思话、行护军将军臧质、行建威将军孔休先等人,这些头衔都是这些人将在新政权中所拥有的头衔,他们愿意拥戴现在的彭城王刘义康。檄文部分内容如下:

> 彭城王体自高祖,圣明在躬,德格天地,勋溢区宇,世路威夷,勿用南服,龙潜凤栖,于兹六稔,苍生饥德,亿兆渴化,岂唯东征有鸱鸮之歌,陕西有勿翦之思哉![1]

---

[1] [梁]沈约:《宋书》卷六十九,中华书局1974年版。

这段檄文大概的意思是，周公辅佐周成王时，遭到弟弟管叔、蔡叔的嫉妒，他们散播流言，说周公有篡夺的野心，从而引起了叛乱。周公东征镇压了叛乱，为了晓喻被流言迷惑的周成王，周公将王朝的危机比喻成恶鸟鸱鸮来吟咏。统治陕西一带的召公在村庄里巡视时，为了不给百姓添麻烦，就在棠梨树下露宿。村民们称赞其美德，歌颂道："蔽芾甘棠，勿剪勿伐。"（茂盛的棠梨树，请不要剪它枝条，请不要将它伐倒！）周公和召公的故事流传至今，但我们可以期待彭城王以德化民之功将胜过周公和召公。

灵祇告征祥之应，谶记表帝者之符，上答天心，下惬民望，正位辰极，非王而谁？今遣行护军将军臧质等，赍皇帝玺绶，星驰奉迎。百官备礼，骆驿继进，并命群帅，镇戍有常。若干挠义徒，有犯无贷。[1]

范晔和孔熙先为刘义康代写了一封书信给徐湛之。他们作为党羽一同宣誓，彼此打气。范晔完全把自己代入到刘义康的身份中，虽然他自身其实并没有任何忠诚可言。他首先把刘义康因为豪放的性格而遭受了谗言导致失势这件事的经过进行了叙述：

---

[1] 〔梁〕沈约：《宋书》卷六十九，中华书局 1974 年版。

吾凡人短才，生长富贵，任情用己，有过不闻，与物无恒，喜怒违实，致使小人多怨，士类不归。祸败已成，犹不觉悟，退加寻省，方知自招，刻肌刻骨，何所复补。然至于尽心奉上，诚贯幽显，拳拳谨慎，惟恐不及，乃可恃宠骄盈，实不敢故为期罔也。岂苞藏逆心，以招灰灭，所以推诚自信，不复防护异同，率意信心，不顾万物议论，遂致谗巧潜构，众恶归集。甲奸险好利，负吾事深；乙凶愚不齿，扇长无赖；丙、丁趋走小子，唯知谄进，伺求长短，共造虚说，致令祸陷骨肉，诛戮无辜。凡在过衅，竟有何征，而刑罚所加，同之元恶，伤和枉理，感彻天地。[1]

以上引文中，甲、乙、丙、丁四处适当地补上相关内容可能比较好理解。接着，现在终于到了"时运之会"，也就是举兵的时机成熟了，但是与孔休先执笔的檄文激烈的笔调形成对比的是，这里说到举兵是为了清除"君侧之恶"，是为了让社稷安泰，并不是将弓箭对准天子。所谓的"君侧之恶"，应该就是甲、乙、丙丁所指的对象，这里没有指名道姓。后世之人所指责的奸佞当时可能并没有围绕于君王身边。如果发自内心地去思考"时运之会"的话，不得不说范晔他们对当时的形势做出了误判。

---

[1]　[梁] 沈约：《宋书》卷六十九，中华书局1974年版。

吾虽幽逼日苦，命在漏刻，义慨之士，时有音信。每知天文人事，及外间物情，土崩瓦解，必在朝夕。是为衅起群贤，滥延国家，夙夜愤踊，心腹交战。朝之君子及士庶白黑怀义秉理者，宁可不识时运之会，而坐待横流邪。除君侧之恶，非唯一代，况此等狂乱罪骸，终古所无，加之翦戮，易于摧朽邪。可以吾意宣示众贤，若能同心奋发，族裂逆党，岂非功均创业，重造宋室乎！但兵凶战危，或致侵滥，若有一豪犯顺，诛及九族。处分之要，委之群贤，皆当谨奉朝廷，动止闻启。往日嫌怨，一时豁然，然后吾当谢罪北阙，就戮有司。苟安社稷，瞑目无恨。勉之勉之。[1]

六

元嘉二十二年（445）九月癸酉（十七日），宋文帝在广莫门外的武帐冈，为征北将军、衡阳王刘义季和右将军、南平王刘铄出发去各自的镇所而送行。范晔也是扈从之一。按照孔熙先他们的计划，宋文帝在武帐冈本应该会遭受到袭击。但是这一日，震动朝野内外的事件并没有发生。"许耀侍上，扣刀以目晔，晔不敢视，俄而坐散，差互不得发。"[2]

---

[1]　[梁]沈约：《宋书》卷六十九，中华书局1974年版。
[2]　[唐]李延寿：《南史》卷三十三，中华书局1975年版。

这是《南史》中有但《宋书》中没有的记载。而《资治通鉴》中这部分的内容，恐怕是基于《宋略》，所记录的这一天的事情，都是与谋反关系不大的事情。根据《资治通鉴》的记载，在武帐冈为衡阳王刘义季等人送行的宋文帝，正要出宫时对随行的皇子们吩咐道："勿行食事，至武帐冈设酒馔。"[1]但是直到太阳高悬，食物还没有送上来，众人饥肠辘辘。于是宋文帝对皇子们说道："汝曹少长丰佚，不见百姓艰难。今使汝曹识有饥苦，知以节俭御物耳。"[2]

这一日，宋文帝身边本该出现的危险并没有出现，一切都非常平静。两个月后，即十一月，范晔他们谋反的计划意外地泄密了——作为刘义康党羽中重要人物的徐湛之秘密告发了谋反。即使是宋文帝，一开始他也无法全然相信这一消息。因此，宋文帝想要先搜集证据，下令让徐湛之再次上奏。徐湛之上奏内容如下：

> 臣与范晔，本无素旧，中丞门下，与之邻省，屡来见就，故渐成周旋。比年以来，意态转见，倾动险忌，富贵情深，自谓任遇未高，遂生怨望。非唯攻伐朝士，讥谤圣时，乃上议朝廷，下及藩辅，驱扇同异，恣口肆

---

[1] 日文原文有缩减杂糅。史料原文为："九月，癸酉，上饯衡阳王义季于武帐冈。上将行，敕诸子且勿食，至会所设馔。"见[宋]司马光：《资治通鉴》卷一二四，中华书局2011年版。

[2] [宋]司马光：《资治通鉴》卷一二四，中华书局2011年版。

心，如此之事，已具上简。近员外散骑侍郎孔熙先忽令大将军府吏仲承祖腾晔及谢综等意，欲收合不逞，规有所建。以臣昔蒙义康接盼，又去岁群小为臣妄生风尘，谓必嫌惧，深见劝诱。兼云人情乐乱，机不可失，谶纬天文，并有征验。晔寻自来，复具陈此，并说臣论议转恶，全身为难。即以启闻，被敕使相酬引，究其情状。于是悉出檄书、选事。及同恶人名、手墨翰迹，谨封上呈，凶悖之甚，古今罕比。由臣暗于交士，闻此逆谋，临启震惶，荒情无措。[1]

与此同时，宋文帝从范晔同僚沈演之处得到了关于范晔行为异常的密报，于是毫不犹豫地下令限制了范晔的自由，并下诏询问他：

湛之表如此，良可骇惋。晔素无行检，少负瑕衅，但以才艺可施，故收其所长，频加荣爵，遂参清显。而险利之性，有过溪壑，不识恩遇，犹怀怨愤。每存容养，冀能悛革，不谓同恶相济，狂悖至此。便可收掩，依法穷诘。[2]

这一夜，范晔和重臣们先在位于台城东北隅的华林园东

---

[1][2] ［梁］沈约：《宋书》卷六十九，中华书局1974年版。

阁内集合,然后各自在客省中等待命令。客省一般是皇帝接见外国使臣的地方,偶尔也接见其他朝臣,所以一开始范晔并没有感到异样。此时,谢综和孔熙先、孔休先三人全部被捕,已供出了关于谋反的一切,范晔却一点也不知道。在延贤堂,宋文帝收到谢综等人供述的报告后,立即让左右之人带去自己的话质问范晔:"以卿腼有文翰,故相任擢,名爵期怀,于例非少。亦知卿意难厌满,正是无理怨望,驱扇朋党而已,云何乃有异谋?"[1]

事情过于突然,范晔心里完全没有准备,只能否认并没有谋反的事。但是不久,使者奉命再次前来询问并传来了宋文帝的话:"卿与谢综、徐湛之、孔熙先谋逆,并已答款,犹尚未死,征据见存,何不依实。"[2]

范晔回答道:"今宗室磐石,蕃岳张峙,设使窃发侥幸,方镇便来讨伐,几何而不诛夷。且臣位任过重,一阶两级,自然必至,如何以灭族易此。古人云:'左手据天下之图,右手刎其喉,愚夫不为。'臣虽凡下,朝廷许其腼有所及,以理而察,臣不容有此。"[3]

范晔所引用的古人之语,表达的是生命比功名利禄更重要的意思。使者将范晔这番话告诉了宋文帝,并再次将宋文帝的话带了来:"熙先近在华林门外,宁欲面辨之乎?"[4]范晔词穷,痛苦万分地回答:"熙先苟诬引臣,臣当如何!"[5]

---

[1][2][3][4][5] [梁]沈约:《宋书》卷六十九,中华书局1974年版。

当徐湛之亲笔所写的供词摆在眼前时，范晔早已一个字都说不出来了。他开始缓缓地把事情的来龙去脉和盘托出。最后他说道："久欲上闻，逆谋未著。又冀其事消弭，故推迁至今。负国罪重，分甘诛戮。"[1]

范晔招供的过程比较长。孔熙先听闻此消息，对监视他的殿中将军沈邵笑道："凡诸处分，符檄书疏，皆范晔所造及治定。云何于今方作如此抵蹋邪。"[2]

与范晔遮遮掩掩的态度相比，孔熙先被逮捕后立刻开始全盘招供，完全看不到他有畏惧的样子。对此，宋文帝颇感惊讶，特地派遣使者带去劝慰的话："以卿之才，而滞于集书省，理应有异志。此乃我负卿也。"[3] 又假意责备原来的吏部尚书何尚之，"使孔熙先年将三十作散骑郎，那不作贼。"[4] 因为吏部尚书是担任人事工作的长官。孔熙先就坡下驴，在狱中给宋文帝写了一封奏书，内容如下：

> 因小人猖狂，识无远概，徒拘意气之小感，不料逆顺之大方。与第二弟休先首为奸谋，干犯国宪，斋脍脯醢，无补尤戾。陛下大明含弘，量苞天海，录其一介之节，猥垂优逮之诏。恩非望始，没有遗荣，终古以来，未有斯比。夫盗马绝缨之臣，怀璧投书之士，其行至贱，其过至微，由识不世之恩，以尽躯命之报，卒能立

---

[1][2][3][4] ［梁］沈约：《宋书》卷六十九，中华书局 1974 年版。

功齐、魏,致勋秦、楚。囚虽身陷祸逆,名节俱丧,然少也慷慨,窃慕烈士之遗风。但坠崖之木,事绝升跻(活命是奢望),覆盆之水,理乖收汲。方当身膏鈇钺,诒诫方来,若使魂而有灵,结草无远。然区区丹抱,不负夙心,贪及视息,少得申畅。[1]

其中"盗马"是春秋时代秦穆公的故事。据说有三百野人盗窃并吃掉了秦穆公的名马。吏人抓捕了野人,想要处罚他们,但秦穆公说道:"君子不以畜产害人,吾闻食善马肉不饮酒,伤人。"[2]就这样赦免了野人们的罪责,并用酒招待了他们。不久,秦穆公在与晋国的战争中身陷险境,野人们及时赶来救援,回报了他的恩德。而"绝缨"是关于楚庄王的故事。在一次楚庄王举行的酒宴中,烛台上的蜡烛突然熄灭了。黑暗之中,在座的一个男人想要调戏王妃。王妃扯下他的冠缨作为调戏的证据并告诉了楚庄王,要求楚庄找出非礼之人,楚庄王并未听从,而是下令出席者全部将冠缨摘掉才重新点燃蜡烛,这样一来,是谁调戏王妃就无法确定了。这位被免于处罚的男人,在后来与晋国的战斗中舍生忘死,从而大败晋军。继秦"盗马"和楚"绝缨"的故事之后,"怀璧投书之士"的故事则是与齐国和魏国相关的故事。其中

---

[1] [梁]沈约:《宋书》卷六十九,中华书局1974年版。
[2] [汉]司马迁:《史记》卷五,中华书局1982年版。

"投书"是出自《史记·孟尝君列传》中的故事。齐国有名的孟尝君作为战国四公子之一,他曾派遣近侍去收取领地的年贡,近侍却空手而归。孟尝君问他是怎么回事,近侍回答是因为"有贤者,窃假与之"[1]。孟尝君生气地喝退了近侍。这件事发生的数年后,有人进谗言说孟尝君对齐湣王有谋反之心,孟尝君因此逃亡。此时,之前获得年贡的贤者上书"孟尝君不作乱,请以身为盟"[2],即"投书",之后便在宫门前自刎了,以死证明孟尝君没有叛乱之心。但是,要找出与剩下的"怀璧"正好对应的故事却是件难事。在《史记》张仪列传中记载了一个故事:张仪为了游说楚国宰相,与之饮酒,宰相璧玉丢失,张仪被怀疑偷窃而遭到了鞭笞,但他始终都不认罪,最后被释放。张仪虽然是魏国人,但是这个故事的对象是楚国宰相,而且张仪原本是战国时代周游列国的纵横家,并没有特别为魏国效力。因此很遗憾,关于"怀璧"的故事是讲谁的不是很明确。

孔熙先的奏书中接着写道:

  自惟性愛群書,心解數術,智之所周,力之所至,莫不窮攬,究其幽微。考論旣往,誠多審驗。謹略陳所知,條牒如故別狀,願且勿遺棄,存之中書。

---

[1][2]　[汉]司马迁:《史记》卷七十五,中华书局1982年版。

若囚死之后，或可追存，庶九泉之下，少塞衅责。[1]

前文中提到过，孔熙先会基于天体运行进行占卜，特别是预言了天子之身将遭遇骨肉相残的灾祸。他的预言在八年后的元嘉三十年（453）应验了，这一年发生了皇太子刘劭弑父篡位的事件。

而范晔在招供之后，依然采取一贯的遮遮掩掩的态度。至少《宋书》中是这么记录的，他的态度与孔熙先和谢综的态度形成了鲜明的对比。

那一晚范晔被勒令在客省原地等待，如何处置等天亮后再说。尚书仆射何尚之前来探视，他对范晔说道："卿事何得至此？"[2]

范晔道："君谓是何？"[3]

何尚之道："卿自应解。"[4]

范晔道："外人传庾尚书见憎，计与之无恶。谋遂之事，闻孔熙先说此，轻其小儿，不以经意。今忽受责，方觉为罪。君方以道佐世，使天下无冤。弟就死之后，犹望君照此心也。"[5]

然而天亮后，范晔就被带到了廷尉狱。在这里范晔没有看到徐湛之，于是问"徐丹阳所在"[6]。一问才知道是徐湛之告的密。在廷尉狱，一开始范晔的牢房与孔熙先和谢综的牢房离得很远，他诈称生病请求转移到了考堂，与

---

[1][2][3][4][5][6]　［梁］沈约：《宋书》卷六十九，中华书局1974年版。

谢综仅一墙之隔。考堂类似于今天的审讯室。在避过监视耳目后，范晔和谢综联络上了。

范晔问外甥："始被收时，疑谁所告？"[1]

谢综答："不知。"[2]

范晔道："乃是徐童。"[3]

徐湛之的乳名叫仙童，故范晔这样称呼他。但对谢综而言，不管是谁告的密，现在都已经无关紧要了。而前文所说的范晔的临终诗，恐怕也是囚禁在隔壁的谢综所公开的。从这里可以看出，范晔羁押在狱中并不是立即就被判决为死刑的，所以他才可以适当地整理心情。宋文帝一开始下令彻查此事，但没想到调查取证如此耗费时间。随着对范晔等人审讯的进行，告密者徐湛之与事件的深层关联也逐渐显现出来，他被要求亲自前往廷尉狱与众人谈话。谈话结束后徐湛之再次呈上了奏疏。奏疏中那些对宋文帝的讨好和夸奖，对自身的辩解，以及对曾经的党羽的贬低，所用词句都过于刺眼。此时，徐湛之无罪已然确定，况且还有其母会稽长公主的哀诉求情。与范晔等人不同，对他而言，谋反的事已经完全成为过去，自己应该能够随心所欲地加以矫饰。所以这里就没有必要来介绍他那份内容缺乏可信性的奏疏了。

范晔本做好了立即赴死的打算，但在廷尉狱拘留了二十多日，加之听闻徐湛之被无罪赦免，他内心再次动摇起来：

---

[1][2][3]　［梁］沈约：《宋书》卷六十九，中华书局1974年版。

没准自己也能免于一死呢?"外传詹事或当长系。"[1]那一日,狱卒带来了一条毫无依据的消息。《宋书》记载道:"晔闻之惊喜。"[2]但是谢综和孔熙先冷笑道:"詹事尝共畴昔事时,无不攘袂瞋目。及在西池射堂上,跃马顾盼,自以为一世之雄。而今扰攘纷纭,畏死乃尔。设令今时赐以性命,人臣图主,何颜可以生存?"[3]

范晔又对卫狱将说道:"惜哉!锉如此人。"[4]据说卫狱将回答道:"不忠之人,亦何足惜。"[5]范晔想了想说道:"大将言是也。"[6]就这样,范晔被周围几乎所有的人嘲弄,孤立无援。紧接着,他迎来了最后的行刑之日。

七

范晔谋反事件以范晔、谢综、孔熙先等人接受严酷的刑罚而告终。就范氏而言,几近族灭。范氏的荣光至此而绝。死罪不仅仅涉及范晔的兄弟,更下至兄弟的子孙,如果在范晔兄弟已经死亡的情况下,其子嗣将被流放到岭南的广州。但是范晔的长子范蔼,他的孩子鲁连因为是吴兴昭公主的外孙而免于死罪,改为流放。吴兴昭公主是武帝的二皇女,会稽长公主的妹妹。谢综的弟弟谢纬与宋文帝的五皇女长城公主结为婚姻,与谢综早先就不和,因为这个缘故他也免于死

---

[1][2][3][4][5][6] 〔梁〕沈约:《宋书》卷六十九,中华书局1974年版。

罪，改为流放广州。至于胡遵世，因为其父亲胡藩是宋王朝建国功臣，不以谋反罪论处，而是借由其他罪状被收监处刑。臧质左迁为建威将军、义兴太守。关于刘义康的处置，负责查办的官员奏请："臣等参议，请下有司削义康王爵，收付廷尉法狱治罪。"[1]其结果是以刘义康本人为首的王子、王女们从宗室的属籍中除名，在安陈郡中过着被监视的生活。在安陈郡，当刘义康读到因为专横而被汉文帝治罪的淮南王刘安的故事时，叹气道："前代乃有此，我得罪为宜也。"[2]

这个事件之后，大约经过了两年时间，在元嘉二十四年（447）的十月，胡遵世的弟弟胡诞世、胡茂世兄弟以及前吴平县令袁恽等人，袭击了豫章太守以及南昌县令等人，而后欲拥戴刘义康。元嘉二十八年的正月，北魏军南下到达建康对岸的瓜步，江南一时之间民情骚动，宋文帝"虑异志者或奉义康为乱"[3]，随即赐死了刘义康。从相关的文献资料来看，可以明确的是，元嘉二十二年的谋反事件也是在"元嘉之治"时期间歇性发生的政治事件中由刘义康一派策划的一则事件。范晔虽然不是事件的主谋者，但却是执行者。不得不说，他被孔熙先彻底利用了，被迫扮演可怜的小丑角色，最终甚至被作为牺牲品献了出去。

清代王鸣盛《十七史商榷》所收的《宋文帝君臣》（卷五四）一文中，记述了"宋文帝一朝，君臣之间不可解者

---

[1][2][3] ［梁］沈约：《宋书》卷六十八，中华书局1974年版。

甚多"[1]。文章结尾用以下文字作结:"江左之政,元嘉为美,不能保全谢灵运、范蔚宗,惜哉。"[2]被处死的诗人谢灵运以及范晔都令人惋惜。书中王鸣盛还写有一文,题为《范蔚宗以谋反诛》,提出"决不当有谋反事也"[3],为范晔进行辩解。范晔所处的那个环境中,谋反事件原本就是一定程度上的欲加之罪,尽管如此,范晔却成了百口莫辩的叛逆者,之所以会造成这种印象,主要的责任在《宋书》的作者沈约身上。而且王鸣盛对《后汉书》的作者范晔所拥有史学才能十分尊重,因此在千年之后想用洋洋洒洒数千字为范晔洗脱冤情。王鸣盛是这么说的:

> 今读其书,贵德义,抑势利,进处士,黜奸雄,论儒学则深美康成,褒党锢则推崇李杜,宰相多无述而特表逸民,公卿不见采而惟尊独行,立言若是,其人可知,犯上作乱必不为也。[4]

与之相对的是,沈约的史学之才远不及范晔。在《宋书·范晔传》中,可以窥见沈约对范晔的史学之才有"忌心"。

> 沈约史才较蔚宗远逊,为其传,不极推崇,似犹

---

[1][2]　〔清〕王鸣盛:《十七史商榷》卷五十四,上海古籍出版社2016年版。
[3][4]　〔清〕王鸣盛:《十七史商榷》卷六十一,上海古籍出版社2016年版。

补 篇　史家范晔的谋反　　　　　　　　　　　　　　　　219

有忌心。[1]

今天我并不打算在此处深入比较范晔的《后汉书》和沈约的《宋书》孰优孰劣。但是可以确定的是，沈约执笔写作《宋书》的态度相当有问题。作为当时文坛大师的沈约从齐武帝处接到撰写《宋书》的命令，是在永明五年（487），他不得不小心翼翼，战战兢兢。虽然当时存在着数种由先人撰写的宋王朝史，藏于秘府的史料沈约也可以自由地阅读，但是毕竟此时距宋王朝结束还未到十年，加之很多历史见证者还活在世上，因此沈约的担心是不无道理的。一是阅读同时代史的特权，二是写作有着一种压力，确实会使这部史书阅读起来更具吸引力。但是从另一个角度来看，被迫用曲笔的地方也不少。这一点在拙稿《沈约的思想——六朝的伤痕》（《中国中世史研究》，东海大学出版会1970年版；又《六朝精神史研究》，同朋舍出版1984年版）中有详细展开。即使是曲笔，如果是与宋、齐王朝政治变革相关的，仍须注意避免触及齐王朝的忌讳。宋王朝末的大官袁粲对萧道成把持朝政十分抵制，因此沈约对是否要给他立传感到为难，寻求天子的意见。"袁粲自是宋室忠臣"[2]，沈约得到齐武帝的意见后才敢执笔写作。谨小慎微的沈约，与在此前后时期同样

---

[1]　［清］王鸣盛：《十七史商榷》卷六十一，上海古籍出版社2016年版。
[2]　［宋］司马光：《资治通鉴》卷一百三十七，中华书局2011年版。

撰述《宋书》、因讥谤禅代而遭受天子责难的刘祥形成了鲜明对比。新的政治势力若是以失败告终的话，便是除了谋反外就没有其他内容的篡夺剧，若是成功的话，就会用"禅让"这样溢美的辞藻来修饰美化。虽说沈约也效仿了修史的先例，但他对现王朝即齐王朝的媚态略显过分。在王朝交替频繁发生的六朝时代，在叙述被认为名不正言不顺的宋齐改朝换代时，对宋王朝忠义之人他们就是"反"，而站在齐王朝一方的人则被冠以"义"。清代赵翼在《廿二史劄记》中指出了这一点。在遮掩了所有羞耻之处的基础上，机会主义者将宋齐改朝换代的过程修饰成美好的事件，可以假设沈约就是这样的人。反过来说，对于发生在宋代的叛乱事件，即使与现王朝没有直接关系，但严厉地将其定罪并进行警示，也将被视为对现王朝忠诚的表现。关于范晔的谋反自然也不例外。不管是虚构还是事实，范晔因谋反罪而被处死这件事发生在沈约五岁的时候，这是千真万确的事情。沈约在写作《范晔传》时的态度，可以看出来有对"谋逆之人"范晔贬低化、戏剧化的意图。如前文所揭示的那样，传说沈约的父亲沈璞作为刘濬的主簿时，就在幕后操纵着为年幼的扬州刺史刘濬代行州事的范晔。然而，沈约所陈述的一切是否都是完全捏造的呢？而如王鸣盛所思考的那样，《后汉书》是极为推崇"道义"的史书吗？

  关于范晔的行为从正常到异常这件事，不仅沈约的《宋书》这样记述了，还有同时代其他人的话可以佐证。证人正是何尚之。当时他作为吏部尚书，察觉到重新参与到机密决策中的范晔变得"意趣异常",于是奏请宋文帝应该贬范晔为边境的广州刺史。若是朝廷大臣犯罪的话,必须要加铁钺。宋文帝认为,刘湛事件之后,大臣屡屡被诛杀而显得有亏皇化。"始诛刘湛等,方欲超升后进。晔事迹未彰,便豫相黜斥,万方将谓卿等不能容才,以我为信受谗说。但使共知如此,不忧致大变也。"[1]宋文帝听完何尚之的奏请后说了这番话,并没有采纳他的意见。王鸣盛关于这一点的解释是何尚之为了谋划范晔的失势而设置的阴谋。但是对于"意志不满"的范晔,还有比上面这个更加直接的证据——范晔撰写的题为《和香方序》的文章。这篇文章表面上只不过是写了诸多种类的香药,其实是将各种香药比作自己所要批判的朝臣。

> 麝本多忌,过分必害;沈实易和,盈斤无伤。零藿虚燥,詹唐粘湿。甘松、苏合、安息、郁金、奈多、和罗之属,并被珍于外国,无取于中土。又枣膏昏钝,甲煎浅俗,非唯无助于馨烈,乃当弥增于尤疾也。[2]

如此调性的双关语,将麝香比作庾炳之,零藿比作何尚之,詹唐比作沈演之,枣膏比作羊玄保,甲煎比作徐湛之,甘松和苏合比作慧琳道人,而沈实则比拟为自身,并留下了

---

[1] [梁]沈约:《宋书》卷六十六,中华书局1974年版。
[2] [梁]沈约:《宋书》卷六十九,中华书局1974年版。

评论。"沈实易和，盈斤无伤。"说完之后，他又对着不少朝臣咬牙切齿。如果这只是一篇不值一提的借物喻人的文章，那么王鸣盛赞叹不已的《后汉书》又如何呢？

《后汉书》是范晔在三十五岁左迁宣城郡太守时所撰写的。"不得志，乃删众家后汉书为一家之作。"[1]就如同沈约所记载的，范晔的《后汉书》是有数十家先人撰述的后汉史作为参考的。可以想见《后汉书》是得益于多人之力而成书的，然而整体架构归根结底还是范晔的功劳，即所谓的是"一家之作"。关于通读《后汉书》全书而产生的认识，我曾经阐述过以下的内容："范晔是站在这样的立场上的，想要凸显、赞扬所有具有英雄气概的行为。正是他推崇直接的重仁义、尚守节的行为。比如《独行列传》，全篇被这样的行为占满了。这种不寻常的行为，也就是超越常规的偏激行为，但若是将其收入其他卷中，可能会丧失整体的协调性，若是不加记录，又未免可惜。"我曾经解释过，范晔的这种立场是受到了班固所著《汉书》的影响。(《范晔和刘知几》，《东海史学》四号，又《六朝精神史研究》，同朋舍 1984 年版)也就是范晔想要树立与崇尚万事平静和谐的《汉书》完全相反的观念。他这样做是仅仅为了发泄被贬谪为宣城太守所带来的愤懑之情吗？我并不这么认为，我觉得他心底有炽热的火焰在熊熊燃烧着。在这样的情境之下，沈约把《后汉

---

[1] 〔梁〕沈约：《宋书》卷六十九，中华书局 1974 年版。

书》的撰述看作是范晔"不得志"的结果，我觉得他的这一发愤著书论应该被承认。

　　思考范晔的谋反倾向时，还有一个事实可以作为重要的线索，那就是范晔和佛教的关系，或者是范晔和其父范泰的关系。恰好是在刘宋王朝建立的永初元年（420），范泰在宅邸的西半边修建了祇洹寺，这里接收了许多从西边远道而来的义学僧，同时也作为法显从中天竺国带来的梵文诸经典的译场而闻名，但是之后祇洹寺僧众因为采用印度式的踞食，即通过踞坐而进行饮食的做法，导致范泰与僧人们之间发生了争论，这些内容我曾经有过撰述。(《关于踞食论争》，《田村博士颂寿东洋史论丛》；又《六朝精神史研究》，同朋舍1984年版）而范晔与作为佛教资助人的父亲完全不同，他彻底地厌恶佛教，很早就主张反对灵魂不灭的神灭论，据说还打算写作《无鬼论》。但是当他被定死罪后，发生了什么事呢？他给徐湛之送书简，威胁道："当相讼地下。"[1] 还有"天下决无鬼佛。若有灵，自当相报"[2]，他也向何尚之传达了这种矛盾的言辞。《宋书》中留下了这些故事，沈约是要以这些例子来展示范晔的"谬乱"，但是不可否认的是，范晔原本就是神灭论者，是厌弃佛教之人。前文已提到过，范晔在临终诗中写下了"在生已可知，来缘懵无识"。还有在《后汉书·西域传》的论中，范晔认为佛教的"清心释累

---

[1][2]　[梁]沈约：《宋书》卷六十九，中华书局1974年版。

之训""空有兼遣之宗"等说法,还有"好仁恶杀""蠲敝崇善",这些并不是源自佛教,而是根据中国固有的道家、儒家思想而来的说法。他认为佛经中认可的奔放想象力奇谲而矛盾,提出了对轮回说和应报说的否定观点。不仅如此。范泰死后,祇洹寺和范氏的关系也出现了裂痕。范泰的第三子范晏夺回了以前其父捐赠给祇洹寺的六十亩果竹园。祇洹寺自创建以来,慧义一直作为主持经营着寺庙,虽然他以范泰的遗书作为证据来争夺,以至于轰动天下,但是结果是强龙不压地头蛇,他们不得不迁往乌衣寺。这些内容记录于《高僧传》的慧义传中。但是《高僧传》的昙迁传中有下面一则故事:月支出身的昙迁起初住在祇洹寺,之后迁往了乌衣寺。恐怕昙迁也是遭遇了与慧义相同的事情吧。然而早年与范晔有交情的昙迁,在范晔被处死刑、范氏一家十二人被刑戮,没有一个人想要与范氏沾上关系时,只有昙迁穿上法袍认真地为范氏做了临终法事。假设这个故事是真实的,如果范晔与昙迁有交往,那么范晔就不可能与沙门没有交往,至于后来他为什么会厌弃佛教,只能解释为他逐渐转变了思想倾向。范晔对于佛教的叛逆,也许还有一种原因,那就是他对奉佛的父亲范泰的叛逆。

八

六朝时代的贵族大多对与生活有关的一切事物都表现得很挑剔。范晔也是一位崇尚文雅和风趣的行家。他有足够的才华，甚至可以说是才华横溢。最能说明这一点的是他在狱中写给甥侄们的书信——《狱中与诸甥侄书》。所谓甥侄，就是外甥和侄子，若要分开来说就是姊妹的儿子是外甥，兄弟的儿子是侄子。

> 吾狂衅覆灭，岂复可言，汝等皆当以罪人弃之。然平生行己任怀，犹应可寻。至于能不，意中所解，汝等或不悉知。[1]

这封书信以这样的内容作为开头。范晔一生追求以文艺为首的生活，他认为生活的风格须洗练简约，《狱中与诸甥侄书》自序的文体便是最好的证明。这篇长文书信在《宋书·范晔传》里被整篇收录。沈约特地写道："晔《自序》并实，故存之。"[2] 可以说这封书信真正展示了范晔的内心。其中关于文章做法，关于《后汉书》，关于音乐以及书法，范晔的叙述都充满了自信。比如：

> 性别宫商，识清浊，斯自然也。观古今文人，多不全了此处，纵有会此者，不必从根本中来。[3]

这几句的意思是：纵观古今文人，在乐理上对这一点都不能很好理解。就算能做到这一点的人，也未必能参透其本质。

---

[1][2][3]　[梁] 沈约：《宋书》卷六十九，中华书局 1974 年版。

其中体趣，言之不尽，弦外之意，虚响之音，不知所从而来。虽少许处，而旨态无极。[1]

从上面这几句话来看，大家一定会认同范晔的"精微思致"了吧。特别是前一段引文提到的"识清浊"，最终这个功绩却归功于沈约等人对四声的发现。与此同时，范晔还是倡导声律学说的先驱。在这封书信中，范晔耗费了更多的语言来叙述关于《后汉书》的事情：

本未关史书，政恒觉其不可解耳。既造《后汉》，转得统绪，详观古今著述及评论，殆少可意者。班氏最有高名，既任情无例，不可甲乙辨。后赞于理近无所得，唯志可推耳。博赡不可及之，整理未必愧也。[2]

卷末的"赞"，就是附在《汉书》列传卷末，对各卷所述的内容用四字句来总结的一种文体。而"志"，就是指《汉书》中从《律历志》到《艺文志》共这十卷内容。

吾杂传论，皆有精意深旨，既有裁味，故约其词句。至于《循吏》以下及《六夷》诸序论，笔势纵放，实天下之奇作。其中合者，往往不减《过秦》篇。尝共比方班氏所作，非但不愧之而已。[3]

---

[1][2][3]　［梁］沈约：《宋书》卷六十九，中华书局1974年版。

《后汉书》中的"杂传"包括《循吏列传》《酷吏列传》《宦者列传》《儒林列传》《文苑列传》《独行列传》《方术列传》《逸民列传》《列女传》等九传。"六夷传"就是异族的传记,包括《东夷列传》《南蛮西南夷列传》《西羌传》《西域传》《南匈奴列传》《乌桓鲜卑列传》等六传。《过秦论》是西汉贾谊的作品,批判了秦王朝的弊政和暴虐。

之后范晔特别夸赞了《后汉书》中的"赞":

> 赞自是吾文之杰思,殆无一字空设,奇变不穷,同合异体,乃自不知所以称之。此书行,故应有赏音者。[1]

有这么一则逸话,谢俨在写作《后汉书》时作为范晔有力的协助者,他写下"二班怀文,裁成典坟"来作为《后汉书·班固传》的"赞"。范晔看到后,将"典坟"二字改成了"帝坟"。可见范晔对于"赞"应是字斟句酌的。对他而言,写作《后汉书》不仅仅是史学的问题。如果只是记录历史事实,这方面的工作已经由前人完成了,他无须再次创作新的史书。如何解释、评价历史事实?以及"序""论""赞"作为解释、评价的结果该如何表现呢?这显然也是文学的问题。比如用四字韵语构成的"赞",也正是范晔"自然声律说"的实验场所。

范晔对洗练简约的追求不仅仅停留在形而上的事情上。

---

[1] 〔梁〕沈约:《宋书》卷六十九,中华书局1974年版。

唐代张怀瓘的《二王等书录》(《法书要录》卷四）中记载：
"晋代装书，真、草浑杂（楷书和草书的作品装订在一起），背纸皱起（纸的背面皱得硬邦邦的）。范晔治装，微为小胜。"还有同样是唐代张彦远的《历代名画记》(卷三《论装背褾轴》）中记载："自晋代以前，装背不佳。宋时范晔始能装背。"范晔对书画的装背颇有心得，更让人惊讶的是，范晔还对服装、装饰品乃至乐器进行过新奇的设计，可见他的审美别具一格。这些文献记载告诉了我们什么呢？

我想，大概范晔是想让贵族生活不怎么无聊吧。确实，贵族们受惠于稳固的地位和名誉。但是这些生活从开始便是门第的附属品。可以这么说，这些是他们在出生时就被赋予的，就如范晔所说的那样，即使静止不动，也可以"一阶两级，自然必至"。他们的一生遵循既定的轨道，没有通过自己的才能开拓命运的新领地。上升的机会没有，下降的机会也没有，有的仅仅是均衡、和谐、平静，这样说也许有点过分。过高的地位和名誉，反而让人会生出由均衡、调和、平静所带来的倦怠感。他们投入时间和金钱，将生活中的一切事物打造成完美的形态，这不就是出于对摆脱无聊生活的追求吗？但如果拥有丰富的才华和热情，情况会怎样呢？这样的行为可能会成为一种消遣，但过于频繁和日常化，可能会让沉重的忧郁深深沉积于心底，而不仅仅是摆脱无聊。范晔被孔熙先看出"意志不满"，可能就包括这种状态吧。在官场上，伴随着各种明争暗斗，让人只能感受到无法排解的愤懑。范晔是否一直在寻找能让自己在均衡、和谐和平静的迷梦中惊醒的东西,以及能完全点燃他内心深处炽热火焰的东西?在寻找的过程中,他从孔熙先处受到谋反的引诱。抛开事情的性质,难道参与谋反不正是他听到了与抑郁诀别的声音吗?与此同时,无论如何追求洗练简约,也无法完全达到洗练简约,可能是他察觉到了自己一直在负重前行吧?这个压力来自"闺庭论议"相关的事件。但王鸣盛反对把这个事件作为范晔因孔熙先说服进而谋反的动机。他反对的理由是:"熙先说诱蔚宗以国家不与为婚姻,当日江左户高于蔚宗者多,岂连姻帝室者,而蔚宗独当以此为怨,亦非情理。"[1]

确实,就此处所叙述的内容而言,王鸣盛的指摘是正确的。刘宋王朝的帝室是武人出身,因此他们对于贵族而言不值一提,当时甚至可以见到贵族一方郑重地拒绝公主下嫁到自己家族的事情。但是王鸣盛或是故意,亦或是偶然,一点都没有触及关于范氏的"闺庭论议"。但是从范晔决意谋反的动机来考虑,这一点绝不能无视,而且要重点对待。范晔与孔熙先相对而坐,两人之间是令人窒息的沉默。范晔想的是不如下决心抛下自己的全部,与过去诀别,以发泄满腔的愤懑。他这样想并不一定是基于某种野心,而是自然而然地走到了这一步,就算未来可能是无尽的深渊,他还是义无反顾。"晔默然不答,其意乃定。"[2] 由此可见,以上对范晔内心想法的猜测,并非毫无根据。

---

[1] [清]王鸣盛:《十七史商榷》卷六十一,上海古籍出版社2016年版。
[2] [梁]沈约撰:《宋书》卷六十九,中华书局1974年版。

刘湛和范晔合传于《宋书》的一卷中,但卷末的"史臣曰"为什么全都是对刘湛的评论,对范晔却只字不提?《资治通鉴》引用了《宋略》对这一谋反事件的评论:

> 夫有逸群之才,必思冲天之据;盖俗之量,则偾常均之下。其能守之以道,将之以礼,殆为鲜乎!刘弘仁、范蔚宗皆恇志而贪权,矜才以徇逆,累叶风素,一朝而陨。向之所谓智能,翻为亡身之具矣。[1]

即使这段评论的观点是倾向于伦理主义的,但以一身智识才能而招致身亡这一句为结语,对范晔来说可谓是相当尖锐的评论了。

话说回来,令六朝贵族的个人生活感到厌倦无聊是他们均衡、和谐、平静的生活造成的,或许有人对此有别的理论来解释也未可知。因为最近的六朝社会史研究有新的成果:晋宋之间的贵族社会存在巨大差异。范晔的曾祖父范汪曾担任过京口的将军,东晋时代的贵族不仅拥有民政权,也掌握着军事权。然而刘裕作为京口军队中的下级武官却建立了宋王朝,成为了开国皇帝,逐渐将军事权从贵族手中收回到王族和寒门武人手中。根据宋武帝的遗诏,任命宗室子弟为京口军队长,下令诸王子顺次担任京口以及荆州的将军,这封遗诏是此后一系列有关政策推行的依据。而以前被贵族视为

---

[1] [宋]司马光:《资治通鉴》卷一百二十四,中华书局2011年版。

卑贱的寒门子弟或者是寒人的人，依然继续被视作卑贱之人，但他们真正的实力在不断积累。他们当中不乏高官厚禄者，有的甚至成为天子的近臣。

随着生产力进步和商品经济的发展，富裕的庶民阶层出现了。刘义康的府邸东府城门前，每日挤满的数百辆马车中，就包含了不少这样的庶民阶层。在南齐永明三年（485），浙江一带发生了唐寓之叛乱，他们叛乱的目的是为了谋求社会地位的改善，主要成员正是来自富裕的庶民阶层。可以作为对照的是在东晋末年同样是寇掠浙江地区的孙恩叛乱，其叛乱的主要成员来自零落的庶民阶层。刘宋王朝正处于这两个叛乱中间的位置。一方面，商品经济的影响力辐射庄园，曾经被贵族们委托经营庄园的守园人，他们往往是寒门出身，随着这些守园人自由裁量的权力变大，贵族经济的基础被逐渐瓦解。以上的内容是川胜义雄的研究成果，可以参考《刘宋政权的成立和寒门武人》（《东方学报·京都》第三十六册；又《六朝贵族制社会研究》，岩波书店1982年版）和《关于南朝贵族制没落的考察》（《东洋史研究》二〇卷四号；又《六朝贵族制社会研究》岩波书店1982年版，第Ⅲ部第四章中改题为"南朝贵族制的崩坏"后收录）等。《宋书·范晔传》中，将被认为是谬乱的范晔和有为的孔熙先做了极其明显的对比，可能正是沈约以贵族和寒族对立为前提而进行的描写。

在这样的社会里，即使我描述的是均衡、和谐和平静的贵族社会，也无法否认其存在一定程度的下滑现象。但是从贵族的立场来看，这些现象不正意味着让自我生命燃烧的场所更加封闭了吗？西晋末期，因为胡族横行，贵族们从华北被驱逐出去，从此流寓江南，他们心中有着不得不瑟缩在其半壁江山中的悲哀和屈辱，并将这份悲哀和屈辱蓄积在内心深处。因此，衣冠南渡后，他们在新天地中建设国家并试图收复华北，并从北伐中找到了生存的意义。贵族之间存在着一种美好的自我安慰的精神，并没有让上述耻辱如影相随，而是在国事上日益迈进。从东晋王朝创立开始，历经百年，贵族们得以在江南安居。而北伐也如同刘裕试图征服南燕和后秦那样，早已不再具有除了炫耀阴谋篡位之人实力以外的政治意义，再也无法激起贵族们的热情。

进一步的均衡、和谐、平静笼罩着贵族生活，而走向没落的阴影也初见端倪。但是刘宋一代，贵族们对贵族社会的没落没有实际感觉。他们大多讴歌着"元嘉之治"，因为这段时期达到了贵族制的顶峰，社会获得了安定，同时带来了规制，让活在衰落阴影中的贵族们无法察觉。但是如果是精致的贵族们的神经可以敏感地预见江南社会已经开始从由士族主宰转换为由富裕庶民阶层主宰，他们必然会感到不安和焦躁。而社会阶层的变动、士族贵族的没落、寒族庶民的崛起，可能成为了王鸣盛认为"不可解"的范晔谋反的又一个理由。

对范晔的谋反也好，还有对发生在这一事件的十二年前，元嘉十年（433）的谢灵运的谋反也好，可以说从政治史的视角来看，都是非常"不可解"的事件。